財務で切り込む
法人営業

経営者に一目置かれる
アプローチの鉄則

細矢 進 著
Susumu Hosoya

近代セールス社

まえがき

【本書の狙い】

私が独立をして現在の場所に事務所を構えた時の話です。

開所初日から次から次に色々な営業が飛び込みでやってきました。最初は相応に相手をしていましたが、徐々に面倒になってきてお決まりの「門前払い」をすることになりました。

そんな時、一人の若い金融機関の営業担当者が訪ねてきて、「社長、自分は何も分かってないので教えていただきたいのですが」と私に経営に関する質問をしてきました。一生懸命勉強した財務知識を使って話をしているのが手に取るように分かりました。私は大変に好感を持ち、その日のうちに口座の開設をしてしまいました。その後も彼とは融資取引も含め色々な相談をする相手になりました。

テレビで経済評論家や学者の話を聞く機会が数多くありますが、その時に具体的な数字を根拠に解説をする人の話はとても説得力があり印象に残るものです。単なる概念的な話や定性的な根拠だけで話をする人間とは明らかな差を感じますし、納得する度合いも違ってくるものです。

法人の営業でも同じです。会社の数字に強く、具体的な指摘や提案をしてくれる担当者であれば、頼りになるし、相談もしたくなるものです。信頼獲得の重要な決め手であると言えます。特に金融営業担当者は、大事なお金を取り扱う商売ですから、必然的に数字に強くなくてはなりません。ただし、知識を持っているだけではなくて、経営者と話のキャッチボールが出来る「使える数字スキル」が必要なのです。

財務の知識や財務分析に関係する書籍は数多くあります。しかし本書は、単に財務知識を身につけることが目的ではなく、企業経営者と目線を合わせて、現場で話が出来る財務の知識と、その使い方に特にこだわっています。経営者から「さすが金融のプロ」と認めてもらえるようなスキル装備を目指した内容です。

２００９年６月　筆者

目　次

序　章

法人営業をするための心得

1 倒産の兆候を見抜いた支店長

「細矢君、この会社は近いうち潰れるぞ」

N社の決算書3期分を目の前に並べて1〜2分後にその支店長は断言しました。

N社は店頭公開企業で年商180億円、経常利益15億円の優良企業として私が新規取引開拓を進めている先でした。にわかに信じがたく「まさか…？」と思った私ですが、結果として数ヵ月後に同社は会社更生法を申請する運命となってしまったのです。

これは銀行現役時代、当時の支店長（私が今でも尊敬する財務の師匠的存在）の話です。

「金の流れがおかしいんだよ、数字の流れを見ていると異常値を感じるんだよ」

まさにその通りで、売上も利益も伸びているのに金繰りが厳しい状態であることが決算書の3期の動きから読み取れたのでした。

結局、それは関連会社を利用し、架空売上を計上した典型的な粉飾決算だったのです。

「支店長かっこいいな〜!!」と思いました。数字に強い人間は頼もしく見えますし、本当の金融のプロだなと心から感じました。私もそれからこだわるように「数字に強くなりたい」と心がけながらやってきて現在に至っています。金融機関で仕事をする人間は、人様の大切なお金を預かる仕事をしているわけですから、数字に強いことは絶対必要な条件なのです。

2 なぜ財務に強くなければいけないのか

財務に強くなるということは経営者から信頼され、頼りにされることにも繋がります。

私が担当したある企業についてお話しましょう。A社は当時ライバル銀行が絶対的メインの企業で、私の所属していた銀行は融資・預金共にシェアは最下位の状態でした。

後任の挨拶で訪問すると、案の定、社長はけんもほろろでした。私もカチンと来たものですから、「社長、一点教えていただいてもよろしいですか」と切り出し、財務知識の一つである損益分岐点を活用した質問を展開したのです。すると社長は態度が変化して「ちょっと待ってくれ」と言って、おもむろにある資料を私に差し出し、「これを見てどう思う」と意見を求めてきました。その資料は今年度の事業計画書と5年中期経営計画書でした。一読後、私なりの意見を申し上げると、さらに会話は深まり約2時間の面談になってしまいました。以来、何かにつけては私に声をかけて意見を求めるようになり、転勤をしても、銀行を辞めても年に1回ある時期が来ると連絡があり、その時にその年の事業計画書を持参してきて私の意見を求めることが続いたのです。もちろん他行からメイン取引も奪還したのは言うまでもありません。経営者にとっては経営の相談が出来る人材などと大袈裟なことではなく、話を聞いてくれるだけでも、非常にありがたい存在なのです。それだけ話せる人材が周りにいないのが実状だからです。

3 法人営業に必要な財務スキルは何か

法人営業では、経営者と話が出来る財務的スキルが求められます。単純に貸借対照表や損益計算書の仕組みを理解することだけではなく、経営者とベクトルを合わせることが出来る知識装備です。かといって知識装備だけでもだめで、財務知識を営業の現場に活用できるスキルが必要なのです。

ベクトルを合わせるとは一体どのようなことでしょうか。常日頃から経営者が考えていることや、悩んでいること・苦労していること・望んでいることは、全てのことが財務的視点というものにつながっています。ですから、経営者の経営に関する捉え方、業績や労務管理・投資などについて、一定の理解をしながら同じ土俵の財務的視点で話が出来るということです。

経営者と同じ財務的視点で話が出来れば、経営者への理解が深まり、何より具体的なニーズの引き出しにつながってきます。また、問題のとらえ方が的確になり、的を得た話も出来ることになります。

経営者の経営の実態を、財務的な裏付けで確認を入れながら、経営者が困っていることや、今後やろうとしていることを理解して、財務的視点で改善策を考えるとすれば、何をアドバイスすればいいのか、何を協力すればいいのか…そこまで展開できる財務スキルが必要なのです。

4 「数字に強い」にこだわりを持つことの大切さ

数字に強いことは、そのまま営業力に迫力が出てきます。ましてや金融機関の人間であれば、経営者からの目線も高くなってきて、「数字に強いのは当然」という判断をされます。

よく経営者は何気ない会話の中で、我々を「値踏み」します。それも極めて短時間で判断しようとします。なぜなら忙しいからです。無駄な時間はなく、10分間時間を無駄にされたことは数十万円損をした気分になるのが経営者です。

ただし、数字とは単に財務だけではなく、例えば原油の値動きや失業率・出生率など、新聞の一面に掲載されるような数字に関する記事のことも含みます。経営者はこのような話題で質問をしてきながら値踏みをしているのです。さらに金融機関の人間には、単に数字を知っているだけではなく、その数字に対して自分の意見が言えるくらいのものを期待されていると心すべきです。

要は財務の知識だけでは不十分だということです。財務の数字に強くて、さらに世の中の数字にも強い金融機関の人間であれば、経営者は「さすが金融のプロ」と認識してくれ、様々な事柄で相談を持ちかけてくることでしょう。

「人様の銭を扱う商売」は、こだわって数字に強くならなくてはいけません。

5 「融資ありき」「投資運用ありき」ではいけない

融資に財務分析力は言うまでもなく必須です。企業の借入に対する返済能力や保全能力などを判断するためには最低限必要であるといえます。しかし、「融資ありき」「投資運用ありき」の財務分析では、金融機関側の目線だけになりがちで、数字からだけの良い悪いの単なる評価になってしまいますし、どうしても自己資本比率・流動比率などの財務指標の基準値との比較で判断しがちになります。

大事なことは、財務分析からお金だけでない企業経営全体の現状と問題点や課題、経営者の考え方、企業の存在そのものや今後の方向性を含めた将来展望などをも読み取ることです。財務分析はそのための貴重な材料としてあるべきだと言えます。

ましてや、新規取引先では融資や運用・保険の取引をする以前に、取引の獲得そのものに苦労するのが常です。融資・運用云々よりも、企業とどのようなことで関係づくりができるのか、融資・運用・保険以外のことでどのようなニーズがあるのかを探る必要があります。そのためには相手企業や経営者を他の誰よりも知る必要があります。だからこそ財務分析も重要な決め手になってくるのです。数字から経営者の想いや悩み・苦労・願望を読み取って、営業の切り口として活用していくことが大事なのです。

6 経営者との関係構築の重要性

入行後の初任店での話です。「初回の面談で相手企業の決算書を入手する確率90％以上」というスーパーマンのような伝説の渉外担当者がいました。さらにその人は2回目で取引獲得に結び付ける確率も50％以上という猛者《モサ》でした。多少大袈裟な数字になっていたのかもしれませんが、抜群の営業力があったのは確かで「新規の神様」とも言われた人物でした。実際の営業現場を見たわけではないので、細かいテクニックなどは分かりませんが、派手でもなく、ゆったりとした何とも言えない安心感と、自然に魅力に吸い込まれるような素晴らしい雰囲気を持っていました。言うべきことは毅然として話をしながら納得させるコミュニケーション力も有し、相手の経営者から絶大なる信頼を得ていました。それだけの関係づくりができることは、面談初期段階から「この人なら話が出来る、相談できる」と確信させるだけのものを与えているからです。彼は融資ありきではなく、純粋に経営者の良き相談相手としてズケズケ言うべきことは言い、何よりも人の何倍も相手企業や経営者をよく理解していたからこその関係性であったと思います。

つまり、相手企業に決算書をもらえるとは、それ相応の関係を構築しなければならないということです。

7 経営者の日頃の願望と財務の関係を理解する（明日の商売と明日の金繰り）

企業経営者は日頃どんなことを考え・悩み・苦労して、どんなことを望んでいるのでしょうか。一番大事な営業の基本です。年がら年中「うまい運用したい」「金を借りたい！」と悩んでいる経営者は残念ながらあまり存在しません。むしろ「運用のことなんか考えている暇はない」「金なんか借りたくない」と考えている経営者の方が多いのが実状です。

非常に単純なことです。「どうやったら商売がうまくいくんだ、どうやったらもっと儲かるんだ」「どうやったら金の苦労をしなくて済むようになるんだ、金繰りが楽になるにはどうしたらいいんだ」といつも考え悩んでいるのです。「明日の商売」と「明日の金繰り」の改善こそ企業経営者の願望です。したがってこの2つのことでどれだけ相談に乗ってあげることができるかが、信頼関係構築の条件でもあると言えるのです。

この2つのことは「収益構造の改善とキャッシュフローの改善」そのものです。財務的視点できちんと分析ができれば自ずと2つのテーマについて検討もできますし、的確なアドバイスができるはずです。

明日の商売
収益の改善
どうしたら
もう少し儲かるんだ
商売を上向きに
するには
明日の
資金繰り
キャッシュフローの改善
どうしたら資金繰り
が楽になるんだ
少しでも借りなくて
済むには

8 経営者の金にまつわる悩みと思いを見抜く

経営者が日頃考えていることは「明日の商売と明日の金繰り」と説明しました。特にお金の問題は企業経営にとっても「命の水」であり、商売にしてもお金の問題に帰結します。そこでお金にまつわることで経営者はどのようなことでどのように悩んでいるものなのかを考えてみましょう。

お金の悩みとは単なる金繰りだけの悩みではないのです。本当の悩みとは「どのようにしたら金のことで悩まなくて済むか」に尽きます。当然様々なことに結び付いてくるのですが、経営者にとっては、売上の動きによるお金の問題、経費を賄うためのお金の問題、設備投資をするためのお金の問題…すべての動きがお金に関係しているのです。資金調達だけでなく企業経営にまつわる様々なことにお金の心配や悩みを抱えています。財務諸表を見ていくと、どんなところにお金が必要になっていて、お金が足りているのか足りていないのか、どんなところに経営者がお金で苦労しているのか悩んでいるのかが読み取れるものです。

9 経営者の願望に応えるために必要とされる素養とは

経営者の相談相手になって、経営者が抱いている願望に応えるためには、これまで述べてきた経営者の本当の悩みや苦労を理解して、経営者の立場になって具体的なことまで考えてあげることが必要になります。つまり融資審査という視点だけでなく、企業経営という相手の立場になって考えるということです。

それには財務諸表を単なる書類としてではなく経営の背景と今後の意向までを読み取る必要があります。貸借対照表・損益計算書・キャッシュフロー計算書の仕組みや内容について理解することは当然ですが、さらに動態的に企業の動きを推察できるかという点です。結果としての資料から実態と動きの背景と、その後想定される企業の動きを予想しながら、我々金融機関として何が出来るか・何をするべきかまでのシナリオを考える力こそが必要となる素養と言えます。

第 1 章

財務諸表から問題点を抽出するべし

1 お金の流れと財務諸表の関係に強くなろう

財務諸表は経営を表すものであり、経営の根幹であるお金の動きが見えてくるものです。前章で説明しましたが、財務諸表を分析する重要な目的とはお金の流れから企業活動の実態や問題点・改善策のシナリオを想定していくことにあります。

そこでまず、お金の流れと財務諸表の関係を考えていきたいと思います。

企業には色々なお金が入ってきては同じように出て行きます。会社を設立する段階や増資をする段階での出資のお金、銀行から借り入れたお金、商売で稼いだお金など様々な理由によってお金が会社に入ってきます。財務諸表は、どのようなお金が入ってきたのか、どこからお金が入ってきたのかを分かるようにしています。同時に入ってきたお金は、工場や機械などの設備に使われたのか、従業員の給料や家賃の支払いに使われたのか、そして会社にいくらどのような形でお金が残っているのかを示しているのも財務諸表の役割であるのです。つまり財務諸表は、企業活動の内容がお金の流れを通じて読み取ることができるモノなのです。

企業のお金の流れを考える場合、5つの国に置き換えて考えていくと分かりやすくなります。図表のように、「資産」「負債」「純資産」「収益」「費用」の名前の付いた国と考えましょう。

５つの国で考える

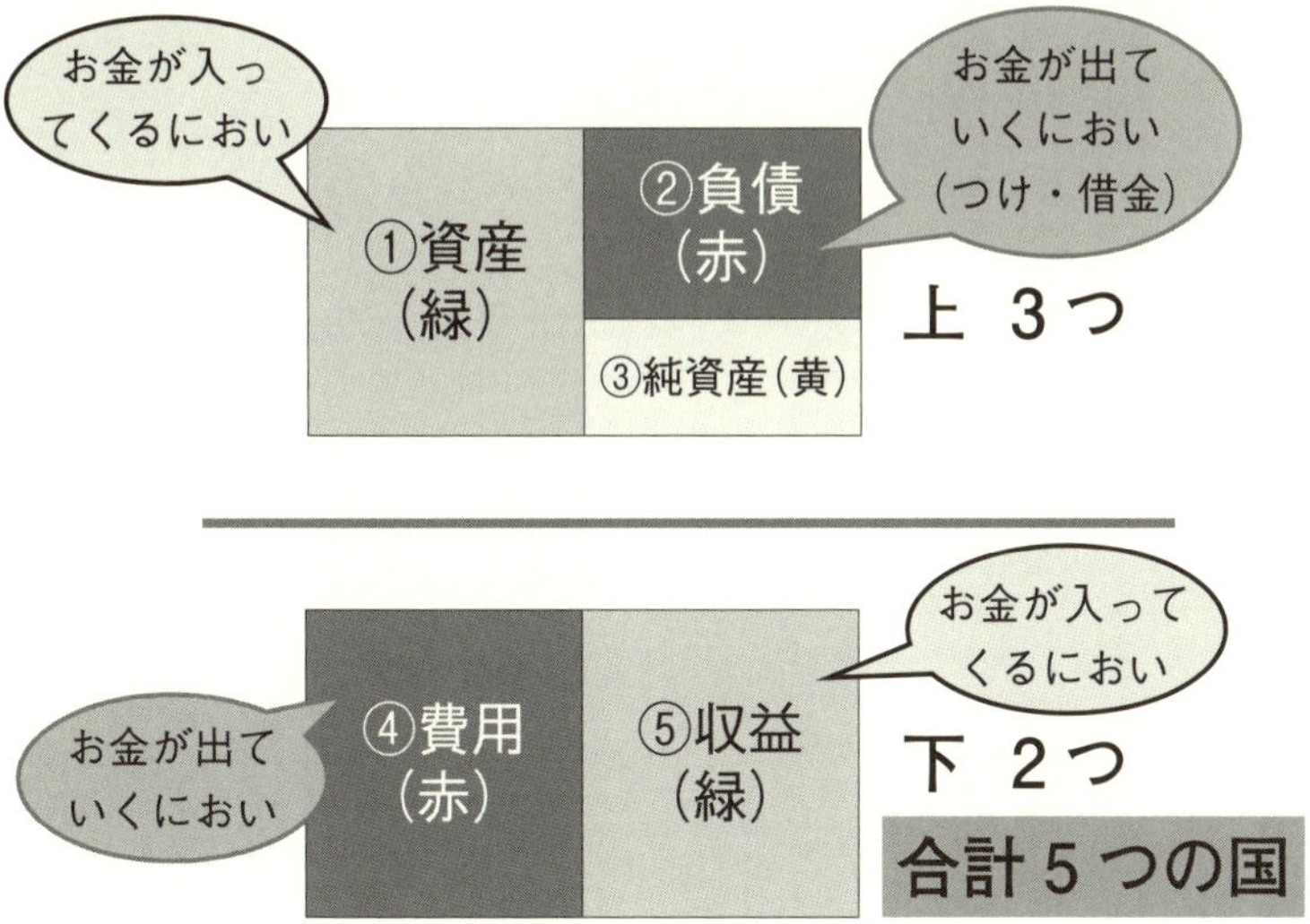
お金が入ってくるにおい
①資産（緑）
②負債（赤）
お金が出ていくにおい（つけ・借金）
③純資産（黄）
上 ３つ
④費用（赤）
お金が出ていくにおい
⑤収益（緑）
お金が入ってくるにおい
下 ２つ
合計５つの国

また、5つの国の位置関係も大事なポイントになってきます。左側に「資産・費用」、右側に「負債・純資産・収益」となっています。さらに上下でもまた意味があります、上に「資産・負債・純資産」、下に「費用・収益」となっています。この5つの国で企業経営におけるお金の全てが動いてきます。このお金の流れと位置関係の意味が分かってくれば、企業経営者の目線に近づいているとも言えます。同時に5つの国こそが財務諸表そのものなのです。

ここでお金の流れと5つの国の関係と財務諸表について具体的に見ていきましょう。

例えばコンサルタント業を想定します。

①企業の設立

手元資金100万円で会社を設立して預金を作成します。すると企業の資産に属する預金という100万円のお金が入ってきます。それは「資本金」という純資産にあたるお金です。

②資金調達

銀行から50万円を借り入れをして預金に入れます。すると先ほどと同様で資産の預金に50万円が入ってきます。それは「借入金」という負債にあたるお金です。

③設備投資

仕事で使用するパソコンを30万円で購入します。すると資産の預金から30万円が出て行って、代わりに30万円のパソコンという資産に値する「備品」が入ってくるのです。

④営業活動（宣伝）

広告宣伝を行い、広告代理店に20万円の費用を支払います。すると資産の預金から20万円のお金が出て行って、費用に属する「広告宣伝費」という理由に充てられます。

⑤受注と代金回収

コンサルの仕事をして、コンサル料として70万円を振込で受領します。すると資産の預金に70万円のお金が入ってきます、それは収益に属する「売上高」というお金です。

⑥経費の支払い

社員に対する給料を30万円預金から支払います。すると資産の預金から30万円のお金が出て行って、費用に属する「給料」という理由に充てられます。

以上の結果が図の5つの国に表されています。資産の国には預金１４０万円・備品30万円、負債の国には借入金50万円、純資産の国には資本金１００万円、収益の国には売上高70万円、費用の国には広告宣伝費20万円・給料30万円となっています。お金の流れが理由を伴って表わされているのが、財務諸表なのです。つまり、この5つの国の位置関係と相互関係を理解して、お金の流れと背景を考えながら、結果として財務諸表に表れていることを読み取ることが財務分析でもあるのです。

（単位：万円）

①会社設立
100 万円

〈資産〉 預金 100	〈純資産〉 資本金 100

②借入
50 万円

③設備投資（備品）
30 万円

〈資産〉 預金 120 備品 30	〈負債〉 借入金 50 〈純資産〉 資本金 100

④広告宣伝
20 万円

⑤売上高
70 万円

⑥給料
30 万円

〈資産〉 預金 140 備品 30	〈負債〉 借入金 50 〈純資産〉 資本金 100
〈費用〉 広告宣伝費 20 給料 30	〈収益〉 売上高 70

2 財務諸表の基本を考える（貸借対照表・損益計算書・キャッシュフロー計算書）

さて、財務諸表には、いったいどのようなものがあるのかを見ていきましょう。

財務諸表には基本として「貸借対照表（B／S）」「損益計算書（P／L）」「キャッシュフロー計算書（C／F）」の3表があります。ただし、ここで大事なことは、先ほど説明した「財務諸表とお金の流れ」です。いわゆる財務諸表は、企業に入ってきた様々なお金が、色々な目的で使用されたり、財産として所有し活用されたりしている結果を表すのです。したがって、3表はバラバラではなく密接な関係で繋がっています。いわば三位一体でお金の流れを考えながら見ていく必要があるということなのです。

3表にはそれぞれに表す機能や目的があります。具体的な例で見ていきましょう。先ほどの、コンサルタント業のケースで考えたいと思います。5つの国はまさに財務諸表そのものを構成していると言いました。

まず「資産・負債・純資産」の上3国と「収益・費用」の下2国に分けて見てみましょう。するとと下2国からは、収益70万円に対して費用50万円で20万円の差が発生していることが分かります。その差こそが「利益」なのです。下2国は企業の経営成績が読み取れる損益計算書であることが分かります。

次に上3国は資産170万円に対して負債と純資産が150万円ですから、資産が出資したお金と借入をしたお金以上に20万円増えていることが分かります。この増えたお金の理由が利益なのです。上3国からは経営の結果としての財政状態が読み取れる貸借対照表であることが分かります。

さらに、資産に属する預金の残高が140万円となっていますが、当初設立からスタートした預金の動きが、借入れ・設備投資・営業活動・仕事の受注・経費の支払いなどの様々な活動でお金の出し入れを行った結果としての残高です。この預金の動きをキャッシュフロー計算書として表していくのです。したがって、この5つの国そのものが財務3表を表しているものでもあると言えるのです。

B／S

〈資産〉	〈負債〉
預金 140	借入金 50
備品 30	〈純資産〉
	資本金 100
	利益 20

P／L

〈費用〉	〈収益〉
広告宣伝費 20	売上高 70
給料 30	
利益 20	

C／F

営業活動キャッシュフロー	
売上代金の回収	＋70
給料諸経費支出	▲50
	＋20
投資活動キャッシュフロー	
固定資産の購入	▲30
	▲30
財務活動キャッシュフロー	
借入	＋50
	＋50

当期純キャッシュフロー	＋40

3 調達と運用から考えた財務と経営の関係

お金のお流れにこだわって見てきましたが、お金の入り方のことを「調達」と言います。逆にお金の行先のことを「運用」と言います。この調達と運用こそが財務分析の基本です。企業経営の基本はお金の入り方とお金の使い方・持ち方なのです。どんな調達になっているか、調達の特徴と問題点は何かを見ていくのです。また、どんな運用がされているか、運用の特徴と問題点は何かを見ていきます。調達と運用から企業経営のシナリオを検討していくのです。

調達は「負債・純資産・収益」のいずれから、どんなバランスで、さらにそれぞれの出どころがどんな種類のお金なのか、調達の特徴と問題点を検討します。

運用は「資産・費用」の点検ですが、資産はお金の持ち方で、費用はお金の使い方です。お金の持ち方も使い方も、全ては右下の収益にどれくらいの貢献をしているかがポイントです。運用の特徴と問題点を検討します。

では、調達と運用についても先ほどの事例で見ていきましょう。

調達は、負債50万円・純資産100万円・収益70万円の合計220万円です。3ヵ国それぞれからの調達になっています。それに対して運用は、資産170万円、費用50万円の合計220万円です。調達と運用が同額でバランス（調和）しています。これが、簿記でいう「借方・貸方」と言われるものです。

調達の検討をすると、３ヵ国からの調達でバランスとしては純資産と収益の調達が中心で、特に収益は売上高という調達になっていることが特徴です。

運用を検討すると、２ヵ国の特に資産にたくさんのお金が残っており、費用として使われた金額は比較的少ないことが特徴です。利益を上げていることが結果として出ています。特にお金の使い方が収益に貢献して資産に結果をもたらしているようです。評価できる調達と運用になっていると言えるでしょう。

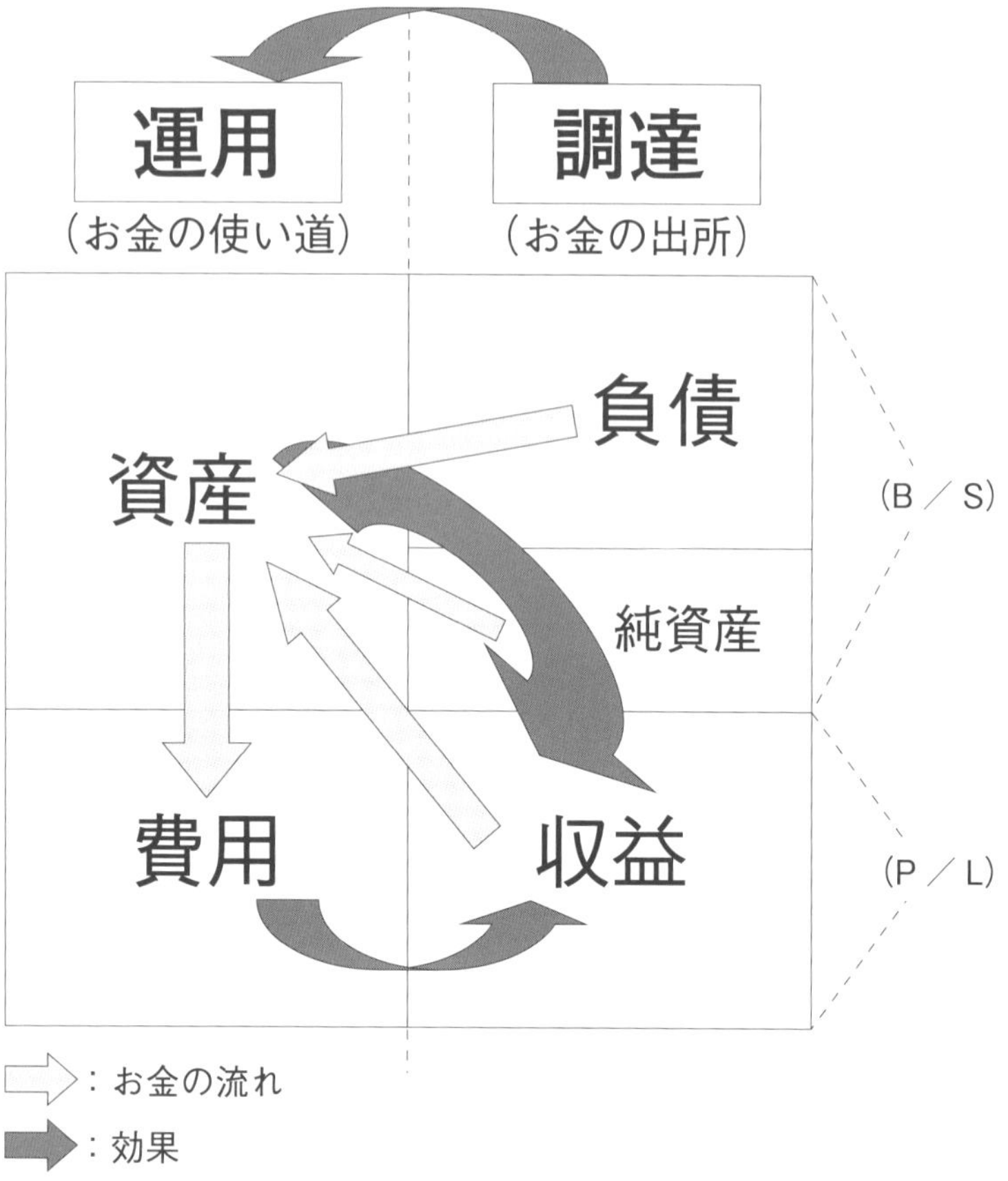
運用
調達
（お金の使い道）
（お金の出所）
負債
資産
(B ／ S)
純資産
費用
収益
(P ／ L)
：お金の流れ
：効果

4 良い調達と良い運用

調達と運用の分析こそが財務分析の基本だと説明してきました。つまり、良いお金の入り方をしているか、良い調達になっているか、良いお金の持ち方と使い方ができているか、良い運用になっているかです。

では、どんな調達と運用が理想的なのかを考えていきましょう。

「負債・純資産・収益」の調達であれば、当然収益からの調達が良いと言えるでしょう。収益の拡大は企業経営の目的であり目標でもあるからです。ただし、収益の調達でも特に本業の売上高による調達の拡大こそが理想的な調達と言えます。しかし、いくら収益の調達が多くても、最終的には利益に結び付いていかなければ徒労になってしまいます。利益に結び付くだけの最大の収益による調達こそが理想的です。

利益に繋げるカギになってくるのが運用です。どんな良い調達でも運用が悪ければ利益に結び付けることはできません。良い運用とは、調達された資産の持ち方が本業に有効に活用され、売上高に貢献していることです。また、その他の資産とは有益な活用で、売上高以外の預金利息収入や株式の配当収入、家賃収入などを得ていることを指します。同時にお金の使い方も同様で、それぞれの使い方が、企業活動に有効に機能して、売上高を中心に収益に最大の貢献をしていることが重要となります。

　良い調達で入ってきたお金が、良い運用として有効な資産の活用と有効なお金の使い方で収益を生んでいければ、収益からの理想的な調達が可能になり、調達から資産に新たなお金を生み出してくれるのです。この良い調達と運用こそが「企業成長の原理」なのです。

企業成長の原理

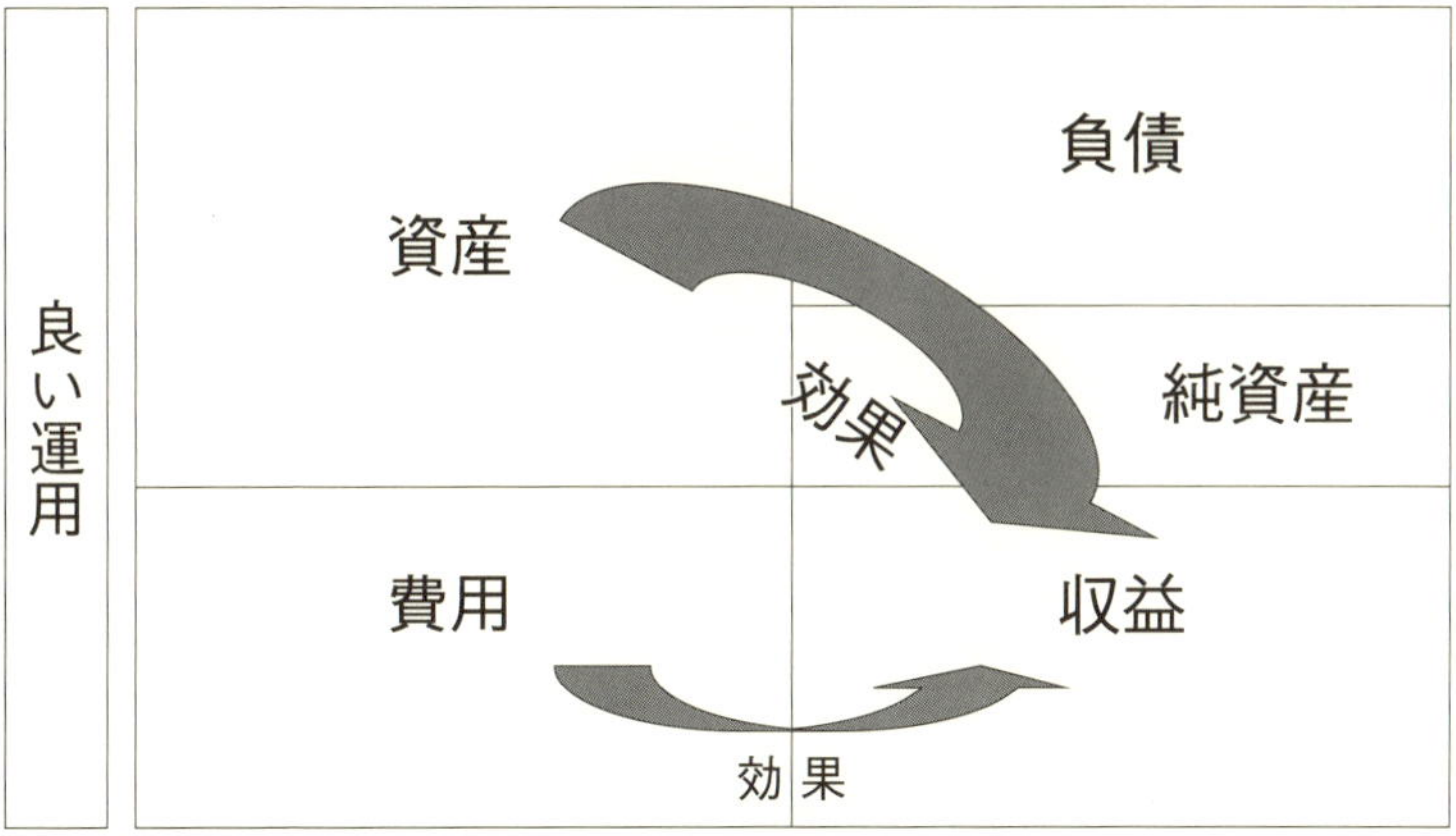
良い運用
資産
負債
純資産
効果
費用
収益
効果

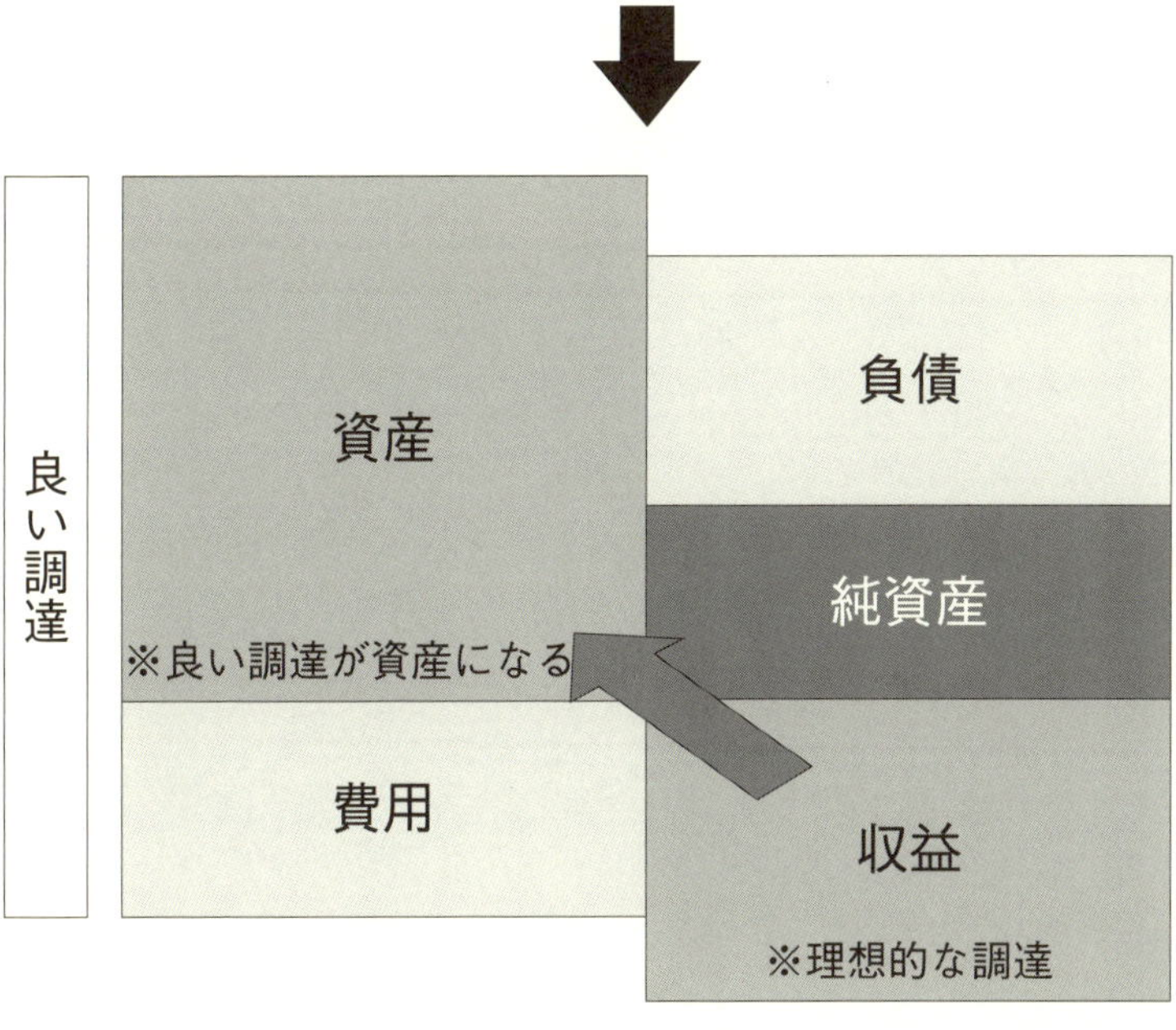
良い調達
資産
負債
純資産
※良い調達が資産になる
費用
収益
※理想的な調達

5 注意が必要な調達と運用

調達の中でも収益による調達が理想的な調達と説明してきました。その通りではありますが、同じ収益の調達の中でも本業の稼ぎである売上高であれば良いのですが、例えば「固定資産売却益」なる理由であれば、むしろ注意を要する場合があります。なぜ固定資産を売却したのか、その理由がポイントとなるからです。資金繰りや業績不振に伴って売却せざるを得ない等の必然性が経営上発生しているかもしれません。

純資産からの調達でも、例えば増資の場合、誰のお金が出資に充てられたのか、増資しなければいけなかった背景は何か、目的と狙いがはっきりしていないと問題が残ります。第三者の出資が入ってくるということは、当然経営上の監視と意見具申が入ってきたり、重要な経営判断事項で出資者の了解が必要になってくるからです。

また、負債からの調達では、最終的には支払うべき性質のお金を調達するわけですから、支払いに問題が生じないのかの確認が最も大事です。特に借入（有利子負債）による調達については、その目的と返済能力の確認が何といっても重要で、一番注意を要する調達と言ってもいいでしょう。

運用に目を向けると、お金の持ち方に無駄や無理がないか、特に非活用的なものがないか注意を要します。同時に所有している資産が表記されているだけの価値があるか、含み損が発生していないか、所有している債権に危険性がないか、毀損が発生していないかの確認も必要です。また、お金の使い方の運用では、無駄や無理・ムラな使い方がされていないか、特に活用性のない使用がないかを徹底して点検する必要があります。

以上のように、調達と運用には点検を怠ってはいけないものもたくさん存在することを忘れないでください。

6 調達面と運用面からできるコンサルティング

調達と運用を通じた現状分析からは、お金の流れに関係する重要な経営実態と問題点や課題が浮き彫りになってきます。

良い調達と運用が出来ているのであれば、今後さらに継続していくため、さらに良くするためには何をすれば良いのか、注意を要する調達や運用になっている場合はどのように改善していくかを検討し、的確なアドバイスをすることがポイントです。

まず調達ですが、収益の拡大として、売上高をさらに高めるためにはどうすればいいのかを考えてみます。販売先の見直し・販売商品の品揃え・販売チャネルの見直し・販売体制や人材の見直し拡充等で協力できることがないかを検討します。

また、財務体質強化については、株式の上場も含めた直接調達や、資金調達方法のさらなる改善による安定性向上と調達コストの削減等で協力できることはないか、量的・質的に安定した調達を可能にするために、良質な仕入先や外注先のさらなる開拓等で協力できないか、支払い条件の改善による運転資金の安定化や調達コスト削減等で協力することはないかなど、調達面だけでもこれだけのコンサルティング要素があります。

運用面では、資金の有効活用やキャッシュフロー改善のためのより有利な販売先や販売方法・販売チャネル等で協力できることはないか、生産性向上や原価低減のために、所有資産のさらなる活性化について協力できることはないかなどが考えられます。

次に、全ての生産性のさらなる向上や、人材の活性化のために、現在使用されているお金をさらに有効にするにはどうするべきか、同時に、調達・運用の両面で、将来の次なる収益を生み出すためには、お金の入り方や資産の持ち方と使い方をどのように戦略を組み立てて実行するべきか、などを検討していくことも大切なことです。

7 貸借対照表から見えてくる経営の実態と問題点・ニーズ

ここからは、財務諸表の3表を、それぞれをさらに詳しく見ていくことにより、見えてくる経営実態と問題点・ニーズにどんなものがあるのかを考えていきます。先ほど説明をした調達・運用と同様なことが考えられるわけですが、財務3表にリンクさせて整理しながら考えていきます。

まず、貸借対照表です。

貸借対照表は企業の決算日時点の財政状態を表すもので、「資産・負債・純資産」の3ヵ国で構成されています。

①資産の構成

企業が所有する現金・預金・有価証券、商売に関係する売掛金や受取手形・商品製品などの在庫、建物や土地・製造機械や車などの設備、関係会社や投資目的の株式、入居保証金など

②負債の構成

企業が負っている借入金や商売に関係する買掛金や支払手形、未納の税金など

③純資産の構成

出資のお金である資本金やこれまで積み上げてきた利益

なお、資産と負債は、短期（1年：ワンイヤールール）でお金として使える財産のことを「流動資産」、逆に短期で支払う必要のある債務のことを「流動負債」と言います。それ以外は固定資産・固定負債になります。

貸借対照表こそが、企業経営の結果として動きが一覧できる財務諸表なのです。全資産の構成の理由が負債と純資産ですから、総資産の動きと背景を右側の負債・純資産から読んでいけば見えてくるのです。

それでは、資産・負債・純資産それぞれから考えられる経営の実態と問題点とニーズを検討していきましょう。

「資産」では、預貯金から手持ちキャッシュのポジション、有価証券などから資金運用関係の実態、受取手形・売掛金・在庫から商売の大きさと運転資金の必要性、設備投資の状況から生産規模や設備資金の必要性、投資等からは子会社や関係会社などの背景が見えてくるものです。問題点の抽出としては資金繰りの改善に向けた取引条件の改善や在庫管理の徹底、投資効果の精査や資産の有効活用などの問題が考えられます。

具体的に「流動資産」から見ていきましょう。

流動資産のうち、現金・預金の残高が増えれば「資金運用ニーズ」、逆に手持ち資金に余裕がないなら「資金調達ニーズ」が考えられます。

売掛金・受取手形・棚卸資産（商品・製品などの在庫）からは「運転資金の調達ニーズ」が考えられます。同時に商品製品の在庫の保管倉庫や物流に関する「不動産ニーズ」や「商売上のニーズ」、売掛債権や棚卸資産に対するリスクマネジメントとしての「保険ニーズ」なども存在していると考えるべきです。

「固定資産」では、現在の設備の更新や新たな設備に伴う「設備投資及び資金調達ニーズ」、同時に設備に対するリスクマネジメントとしての「保険ニーズ」が考えられます。さらに本社・工場・営業所の「不動産ニーズ」もあります。

所有している土地などの不動産・動産の「資産の有効活用や売却ニーズ」も考えられます。投資有価証券や関係会社株式から、関連企業取引が狙えますし、今後の「業務提携・M＆Aニーズ」なども考えられます。

このように資産だけを見ても、金融機関にとって、本業のメリットは勿論のこと、本業以外でのネットワーク活用で多大なるメリットが期待できる情報が存在しているのです。

次に「負債」では、企業の借入状況を中心とした資金調達の実態や金融機関との取引状況、仕入れ先・外注先との取引実態、退職金準備などの福利厚生面などの企業実態が見えてきま

決算書から何を読み取るか！ニーズは何か？

〈B/S〉

流動資産	・手持ち資金は豊富か ・運転資金が必要か ・在庫資金が必要か ・貸付金は何か **運用ニーズ** 預金・保険・投信 **調達ニーズ** 借入・増資 **リスクヘッジニーズ他** 倒産防止・保険 在庫スペース斡旋
固定資産	・資産は何を持っているか ・いつ頃手に入れたか ・含みはどうか **資産購入・売却ニーズ** 不動産・保険・建設 **資産有効活用ニーズ他** 不動産・建設 借入・保険

・借入は多いか ・どこから借りているか **資金ニーズ** 借入・仕入先斡旋 **リスクヘッジニーズ** 借入に見合うヘッジ保険	流動負債
・何の借入か ・退職金の準備はどうか **調達ニーズ** 借入・私募債・リース **退職金ニーズ** 中退金	固定負債
・自己資本はどれくらいか ・過去の業績はどうか **増資ニーズ** 株式取得 **事業承継ニーズ** 自社株対策・借入・経営者保険	純資産

す。問題点抽出としては資金調達手段の改善や外注政策の見直しなどが考えられます。では「流動負債」から見ていきましょう。

短期借入金や買掛金・支払手形からは「運転資金の調達ニーズ」、同時に仕入れ先や外注先の見直しや開拓などの「商売上のニーズ」が考えられます。

「固定負債」では、長期借入金・社債から「設備投資・投資資金の調達ニーズ」「金利負担軽減ニーズ」があります。

退職給付引当金からは「退職金制度や退職資金準備に関するニーズ」、例えば401Kや小規模企業共済・中小企業退職金共済・保険などの利用があります。

「純資産」では、資本構成や過去の収益の積み上げから収益体質などの実態が見えてきます。同時に企業の体力も推し量ることができるのがポイントです。

問題点の抽出として考えられるのは今後の資金計画における資本調達や事業の継承や相続問題などです。ニーズとしては、資本金の「増資ニーズ」や上場を目指した「株式公開ニーズ」、未上場企業の「事業承継ニーズ」、特に自社株の譲渡や評価減対策など「自社株対策ニーズ」などが存在します。対策としては分社化や保険の活用などがあります。同時に後継問題として人材の紹介やM&Aなども考えられます。

8 損益計算書から見えてくる経営の実態と問題点・ニーズ

損益計算書は、企業の1年間の経営成績を表すものです。

損益計算書からは、企業の本業における取引量や原価構造・収益力、また同時に人員などの経営体制や金融機関との取引状況、資産などの売却状況なども見えてきます。問題点の抽出としては、収益改善に関係するテーマが最も顕在化するのが損益計算書の特徴です。

具体的に見ていきましょう。

損益計算書は利益5段階で構成されています。特に最初の「売上総利益」「営業利益」「経常利益」の3段階が重要です。いわゆる「本業」での収益力を表すもので、企業経営の根幹の問題が発生する利益だからです。ここで利益が出ていないようであれば、商売そのものの継続の是非の判断が必要になってくるからです。

「売上総利益」は、売上高から商品の仕入れ原価もしくは製品の製造原価を差し引いた利益のことで、「粗利益」とも呼びます。企業経営における最も重要な利益だと言えます。特に売上に対する利益率「売上総利益率（粗利益率）」がポイントです。企業経営者が最も気にしているのもこの売上総利益です。絶対値の金額が増えたとしても利益率が悪化しているようであれば、商売上の本質に重大な変化が発生しているとして問題視する必要があるからです。他に販売先や販売チャネルなどの「市場開拓ニーズ」や品揃えなどの「商品開発ニーズ」、生産工程や品質管理の改善などの「生産体制ニーズ」、仕入先・外注先見直しなどの「仕入・外注政策ニーズ」「コストダウンニーズ」なども考えられます。

「営業利益」は、売上総利益から役員・従業員の給料などの人件費や家賃・広告宣伝費などの経費（販売費・一般管理費）を差し引いた利益です。経営体制が商売に見合っているのかを表すものです。給与水準や給与体系・従業員の処遇などの「人事・労務ニーズ」「福利厚生ニーズ」、各種経費の費用対効果の点検による「経費削減ニーズ」などが考えられます。

「経常利益」は、営業利益から預金の利息や株式の配当金の収益や所有不動産からの家賃収入など（営業外収益）を加え、借入の利息など（営業外費用）を差し引いた利益です。資産の活用や資金調達に関係するコスト負担を含めた、経営の実力利益と言われます。

金融資産・固定資産を含めた運用収益の拡大を目指した「資産運用ニーズ」や借入利息や社債利息の削減を考えた「資金調達ニーズ」「調達コスト削減ニーズ」が考えられます。また、配当金収入から「子会社・関連会社支援ニーズ」も検討できます。

「税引前当期純利益」は、経常利益から固定資産の売却に伴う固定資産売却益や固定資産売却損などの企業活動としては滅多に発生しない「特別利益・特別損失」を加除した利益です。特別

【販売体制・販売強化ニーズ】

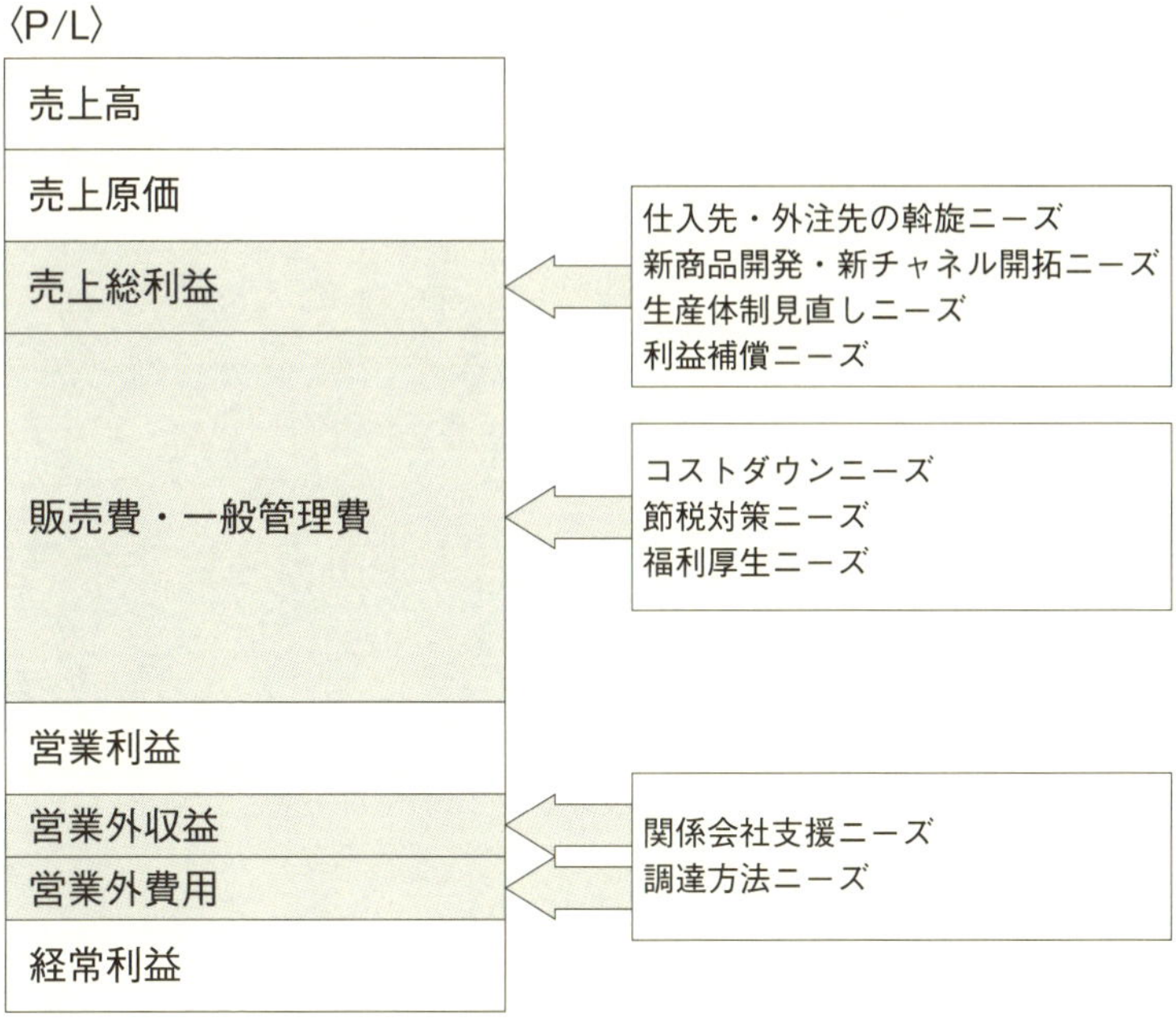
〈P/L〉
売上高
売上原価
売上総利益
販売費・一般管理費
営業利益
営業外収益
営業外費用
経常利益
仕入先・外注先の斡旋ニーズ
新商品開発・新チャネル開拓ニーズ
生産体制見直しニーズ
利益補償ニーズ
コストダウンニーズ
節税対策ニーズ
福利厚生ニーズ
関係会社支援ニーズ
調達方法ニーズ

な事項がどのくらい本業に影響を及ぼすかが検討のポイントになります。

所有不動産の売却などの「不動産ニーズ」や投資有価証券の見直しによる「事業構成・業務提携ニーズ」なども考えられるでしょう。

「当期純利益」は、税引前当期純利益から法人税を差し引いた会社に残る利益です。これを「内部留保できる利益」とも言います。ただし、この利益から配当金等を支払うことにもなります。いかに企業に利益を内部留保出来るかということで「節税対策ニーズ」が重要なポイントとして考えられます。

以上が損益計算書からの検討ですが、期間損益から会社の収益力を検討して、収益構造における改善点は何だろうか、何をするべきか、何を支援できるかを読み取っていくことが大切です。

9 キャッシュフロー計算書から見えてくる経営の実態と問題点・ニーズ

キャッシュフロー計算書は、現金・預金の増減についてどんな動きをしているかを表すものです。一般的に上場企業の場合はキャッシュフロー計算書を作成して公表していますが、未上場企業の場合、特に中小企業の場合は作成すらしていないのが実情です。したがって、貸借対照表の「現金・預金」の残高を前年と比較してキャッシュの増減に目を付けながら、「利益」「売掛金・受取手形」「商品・製品・仕掛品」「買掛金・支払手形」「固定資産」「有利子負債」の数字の変化と比較して、想定キャッシュフロー計算書に展開していきます。「利益が増えているならキャッシュが増えているだろう。増えていないなら運転資金に行ったか、投資に行ったか、借入の返済に回ったかだ！」と考えます。「資金繰り計算書」と考えてもいいでしょう。

キャッシュフロー計算書からは、企業の手持ち資金の変化や実態が分かります。同時に企業の資金繰りの状態や投資の動き・増資や借入による資金調達の実態が見えてきます。問題点の抽出として、特に商売の面で、利益と同時にお金の還流も順調にいっているか、投資に無理がないか、資金調達は順調か、などの問題が顕在化されてきます。

キャッシュフロー計算書は「営業活動」「投資活動」「財務活動」と3つのお金の流れでキャッシュフローを表しています。

「営業活動」とは、本業の取引や人件費をはじめ各種経費等の支払いなど経営の基本的なお金の流れで、入ってくるお金が多いか、出ていくお金が多いかです。当然、利益が出ていて回収が順調であれば営業活動キャッシュフローはプラスになってきます。もし利益が出ているのに営業活動のキャッシュフローが少ない場合は、売掛金・受取手形や在庫などの増加による運転資金の発生でキャッシュが食われていることが考えられます。そこで販売先・販売チャネルや仕入れ先の見直し、販売方法や仕入れ方法の見直しなど「営業支援ニーズ」が考えられますし、併せて、利益の拡大に向けた「営業支援ニーズ」や「経費削減ニーズ」も当然存在します。

「投資活動」では、投資の中身や目的に合わせて「営業支援ニーズ」や「人事労務・福利厚生支援ニーズ」など様々なことで役に立てることが出来ないかを検討します。また、今後の投資計画などの予定によっては新たな「投資・投資資金調達ニーズ」が発生する可能性があります。

「財務活動」では、まさに資金調達面での「調達方法の見直しニーズ」や借入以外の増資や社債などの「調達ニーズ」の可能性が考えられます。借入金の返済や社債の償還などの状況によっては「返済・償還の見直しニーズ」などもあります。

キャッシュフロー計算書はお金の流れに最も直結するものですから、いかに営業キャッシュフローを改善していくかに絞って問題点の把握とニーズ掌握をすることがポイントです。

キャッシュフロー計算書の検討

1．営業活動キャッシュフロー
営業支援ニーズ 収益改善ニーズ 回収条件・支払条件改善ニーズ 各種経費削減ニーズ
2．投資活動キャッシュフロー
投資案件紹介ニーズ 資産有効活用ニーズ 人事労務・福利厚生支援ニーズ 資産売却ニーズ
3．財務活動キャッシュフロー
資金調達ニーズ・資金調達見直しニーズ 返済・償還見直しニーズ 増資ニーズ 株式公開ニーズ

第　2　章

企業活動の
シナリオを読解すべし

1　お金の流れから財務諸表を読む

財務諸表を読むことで一番大事なことは、お金の流れから企業活動の背景にあるシナリオを推察して、現在どんなことに力を入れているのか、苦労しているのか、どんなことを考えているのか、そして、今後どのような動きとニーズが想定されるのかまでを読み解くことであり、これこそが財務分析の重要な目的と言えます。

そこで最初に、財務諸表からシナリオを読む基本的な方法について説明をしていきたいと思います。

ポイントは「時系列比較」です。これに尽きると言っても過言ではありません。

時系列比較とは、数期分の財務諸表を並べて、前期ならびに前期対比の数字の変化から（3期分程度を比較して動きを分析する）、その背景を読み、評価と、課題の抽出につなげていくことです。

(1) 貸借対照表

実は最も大事な時系列比較は貸借対照表です。貸借対照表が読めることは、財務全体の80％を消化しているとも言えるほど、様々なことが見えてくるのです。

貸借対照表
前期
今期

まず必ず貸借対照表の資産合計（総資産）に目を向けます。そして、前期対比の増減を確認します。例えば前期対比増えているとすれば、「流動資産」「固定資産」いずれの動きかを確認します。流動資産であれば、売上高の増加に伴う売掛債権（受取手形・売掛金）や棚卸資産（商品・製品・仕掛品）の動きなのか、資金調達などによるキャッシュの増加なのか確認します。固定資産の増加であれば、投資もしくは設備投資が考えられます。

このようにまず運用面での動きの特徴を捉えます。

次に運用の増減の理由は、右側調達である負債か純資産の動きになりますから確認をします。理想的な理由としては純資産の動きです。増資以外であれば利益による資産増となります、これこそベストシナリオです。仮に負債による増加の場合は「有利子負債」の動きに着目してください。有利子負債による調達が中心であれば「なぜ借入までして資産を増やしているのか」その目的を明確にする必要があります。しかし同じ負債でも支払手形や買掛金などの「買入債務」の場合は、商売が拡大していることが考えられますからむしろ歓迎すべき調達と言えるでしょう。ただし同時に運用である資産の売掛債権も同じように増えているはずです。「買いのツケが増えると、売りのツケも増える」が原則だからです。どちらか一方であれば「粉飾決算」等の疑いもありますから確認の必要があります。さらに商売が拡大しているのが確認できたら、純資産の「繰越利益剰余金」もしくは損益計算書の利益も確認してください。売上が増えているのに利益が出ていなければ問題だからです。

一方、総資産が減っている場合です。固定資産が減っている場合は、土地や設備・投資有価証券などの資産の売却が考えられます。流動資産が減っている場合は、借入金や社債を手持ちのキャッシュで返済していることが考えられます。悪いシナリオとして、売上が落ち込み売掛債権や棚卸資産が減っている場合です。

そこで調達を見てみます。総資産が減っている場合、負債か純資産も減っています。どちらが減っているか確認をします。純資産が減っている場合は最悪が赤字決算の場合です。自己株式の取得の場合は政策的なものですから問題は別です。資産が減っている分、負債が減っている場合で、負債の中でも有利子負債の削減であれば「財務体質の強化」として一定の評価ができるものとして歓迎すべきと言えます。逆に買入債務の場合だと「売上の減少による商売の縮小」が想定されますので、増える場合と逆の注意すべき動きと考えるべきです。その場合、売掛債権と棚卸資産も減少していることが想定されます。当然、損益計算書の売上高も減少していることが考えられます。

このように前期対比の動きから「歓迎すべき資産の増加か減少か、注意すべき資産の増加か減少か」の確認します。お金の動きが企業活動の全体的な背景を表していますから、この大きな動きをまず捉えて見ることが基本です。

ここで実際の貸借対照表を見てみましょう。

〈A社の貸借対照表の時系列〉

総資産の動きに大きな変化があります。前期対比230百万円の増加が確認できます。資産の中身である流動資産が80百万円と固定資産150百万円とそれぞれ増加しています。固定資産の増加が特に目立ちます。

次に、資産の増加がどのような調達になっているかを見ていきます。すると、純資産で20百万円、負債で210百万円の増加になっていますから、負債中心の調達になっています。負債の中でも短期借入金・社債・長期借入金で170百万円と有利子負債の調達が中心になっていることが分かります。

また、資産の中身の確認に戻ると、売掛債権、棚卸資産の運転資金に70百万円、建物・構築物、機械・器具に150百万円と設備投資に特に多くのお金が回っていることが分かります。

そのようなお金の動きから、この企業は今期大規模な設備投資を行って、その資金調達を社債を中心とした有利子負債で調達したことが考えられます。

その設備投資の結果として、売上高が増加して商売にまつわるツケや在庫が増加していま

〔事例研究〕時系列比較分析1

A社の比較貸借対照表

平成X年4月1日～平成△年3月31日　　　(単位：百万円)

資産	前期	今期	負債	前期	今期
流動資産			流動負債		
現金・預金	30	40	支払手形	70	80
受取手形	60	80	買掛金	80	100
売掛金	120	140	短期借入金	100	150
商品・製品	40	60	未払法人税	10	20
仕掛品	10	20	小計	260	350
原材料	10	10	固定負債		
貸付金	0	0	社債	50	150
貸倒引当金	0	0	長期借入金	70	90
小計	270	350	小計	120	240
固定資産			負債合計	380	590
建物・構築物	80	180	**純資産**		
機械・器具	70	120	資本金	100	100
土地	100	100	資本剰余金	10	10
投資有価証券	10	10	利益剰余金	40	60
小計	260	410	小計	150	170
合計	530	760	合計	530	760

1. どんなシナリオが考えられるか(現状分析と課題抽出)
2. 経営改善のポイントは何か
3. 営業の切り口は何か

す。

さらに、純資産の利益剰余金を確認すると20百万円増加していますから、今回の設備投資は収益にも貢献していることが読み取れるでしょう。

ただしこの企業は、有利子負債の金額がかなり多いと言えます。今後売上がさらに増えてくるようであれば、短期借入金等での運転資金の調達が必要になってきますから、回収条件の改善と安心できる取引先との取引が経営安定化の条件になると言えます。また剰余金が60百万円しかありませんから、体力的にあまり余裕がある企業とも言えません。増資などの自己資本の調達も検討する必要があるでしょう。以上のことが、経営改善のポイントとして考えられます。

営業の切り口としては、借入の条件等によっては、肩代わりや増加運転資金の支援があるでしょう。また営業面で販売先の紹介なども、検討できると考えられます。

このように数字の動きから様々な背景を読みながら、今後考えられる企業ニーズを想定していくことが時系列比較のポイントです。

(2) 損益計算書

次に「損益計算書」です。

損益計算書では、貸借対照表と違いストックの変化ではなく、1年間の動き、フローの変化に目を付けることがポイントになります。

具体的には、売上や売上総利益などの絶対値の金額だけではなく、売上の伸率や売上に対する各利益率の推移などに着目する必要があります。例えば、前々年売上高が1000、前年が1100、今年が1200だった場合、確かに売上高の絶対値は前年も今年も100ずつ増やしていますが、年間の伸率で考えると、前年が110％増ですが、今年は109％増と伸率が落ちてきていると考える必要があります。特に売上高利益率が重要です。利益とは前述しましたが「売上総利益」「営業利益」「経常利益」の利益三段階です。その中でも売上総利益についての「売上高総利益率」が最も大事になってきます。前年の売上高1000、売上総利益100、今年の売上高1200、売上総利益110の場合、たしかに増収・増益です。しかし単純に喜んでいるわけにはいきません。売上高総利益率は、前年10％だったのが今年9・2％と0・8％も悪化しているからです。たかが0・8％と言っても10％しかない利益率で考えると大きな問題と認識するべきです。特に売上総利益率の場合、商売の質の変化として重要視する必要があるのです。販売商品の付加価値の低下、製品製造の原価高騰、マーケットの競争激化など、経営の根幹に関わる構造上の問題が背景にあると考えるべきです。早急に原因の究明と対策を打つ必要が生じていると考えるべきです。

〈損益計算書の事例〉

Ｂ社の比較損益計算書を確認してみましょう。

損益計算書から見ると増収増益です。売上高は前年比16・7（５０００÷３０００）％増、売上総利益も前年比８・３（１００÷１２００）％増です。絶対値だけ比較すれば特段の問題はないのですが、利益率での検討をすると単純に評価できないことが分かります。売上高総利益率は前事業年度40（１２００÷３０００）％が当事業年度37・１（１３００÷３５００）％と2・9％も悪化しているのです。

販売費・一般管理費を見てみると、まず、売上の増加と共に人員の増員等で経費が増加しています。さらに減価償却が20百万円が増えているということは、新たな設備投資をして減価償却負担の金額が増えていることが考えられます。また、営業外費用も20百万円増えていますから、先に説明した設備投資に伴う資金調達の有利子負債が増加した分、支払利息の金額が増えているのだろうと予想されます。

さらに、営業外収益が新たに発生していることは、社屋の一部を第三者に賃貸した等、本業以外の収入が発生していると考えられます。

色々なシナリオが考えられるわけですが、設備投資をして、人員も増員をして業容を拡大しようとしたが、思うような業績が出せず、収益性をある程度犠牲にしても数量を上げるべく売上中心の経営姿勢が読み取れるのではないでしょうか。

〔事例研究〕時系列比較分析２

B 社の比較損益計算書

平成 X 年４月１日～平成△年３月 31 日　　（単位：百万円）

区分	前事業年度	当事業年度
Ⅰ　売上	3,000	3,500
Ⅱ　売上原価	1,800	2,200
売上総利益	1,200	1,300
Ⅲ　販売費及び一般管理費	850	930
（人件費	600	650）
（その他経費	200	210）
（減価償却費	50	70）
営業利益	350	370
Ⅳ　営業外収益	0	10
Ⅴ　営業外費用	10	30
経常利益	340	350
Ⅵ　特別利益	0	0
Ⅶ　特別損失	0	0
税引前当期純利益	340	350
法人税等充当額	140	145
当期純利益	200	205

1. どんなシナリオが考えられるか（現状分析と課題抽出）
2. 経営改善のポイントは何か
3. 営業の切り口は何か

今後この企業は、規模の拡大と同時に収益をどのように確保して成長していけるかが鍵になってくるでしょう。その点が最大の経営改善のポイントと言えます。

営業の切り口としては、借入の金利面の見直し等による肩代わりや、増加運転資金の支援があります。また、販売先の紹介や販売チャネルの拡大に対する協力や所有資産の有効活用なども考えられます。

(3) キャッシュフロー計算書

最後に「キャッシュフロー計算書」です。

キャッシュフロー計算書のポイントは、「営業活動」「投資活動」「財務活動」の動きが、前年と比較してどのように変化しているか絶対値の金額を見ていくことです。

特に「営業活動」は最も重要です。営業活動が増加しているか減額しているか。減額している場合は利益の問題なのか、売掛債権や棚卸資産の増加で増加運転資金が発生しているのが原因なのか、それ以外の要因なのかを確認する必要があります。もし、利益の減少の場合は、損益計算書に立ち戻って改善対策を検討します。運転資金の場合は、単純な売上高の増加によるものであれば問題ないのですが、売掛期間や手形期間の長期化など取引条件の悪化の場合は深刻です。商売の質の問題になってきますから、原因を検討する必要があります。競争の激化・商品付加価値の低下・営業力の低下・販売先の変化などが考えられます。

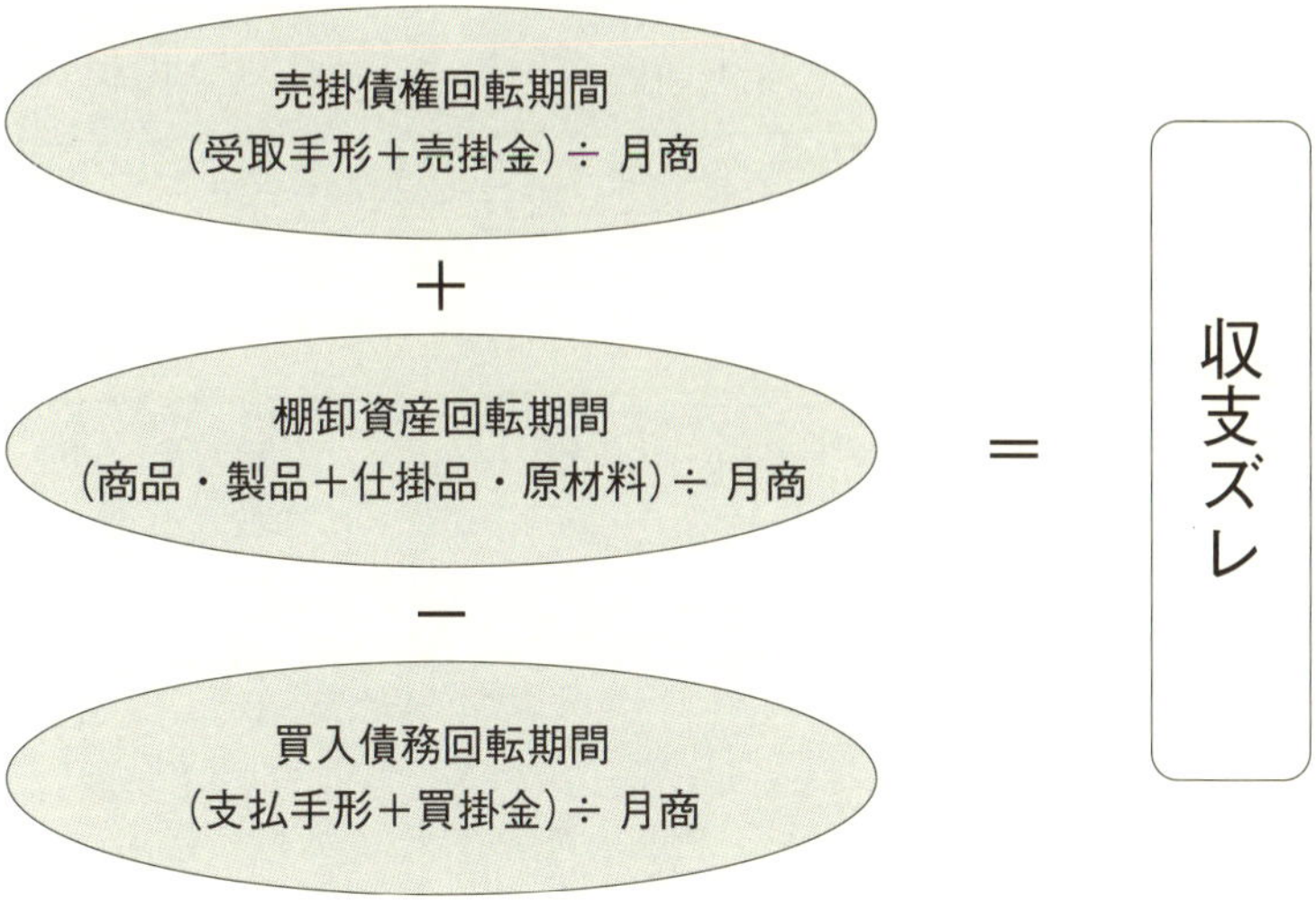
売掛債権回転期間
（受取手形＋売掛金）÷ 月商
＋
棚卸資産回転期間
（商品・製品＋仕掛品・原材料）÷ 月商
－
買入債務回転期間
（支払手形＋買掛金）÷ 月商
＝
収支ズレ

数字の比較確認方法で、貸借対照表上の売掛債権・棚卸資産・買入債務の金額を平均月商で除して何ヵ月分のツケや在庫を持っているかを表す「回転期間」を求めます。そして「売掛債権回転期間」＋「棚卸資産回転期間」－「買入債務回転期間」＝「収支ズレ」を算出し、各回転期間と収支ズレの変化を確認します。収支ズレとは回収と支払いの期間の差を表していま す。つまりこの差の分だけつなぎの運転資金が必要になってくることになります。金額を求めるとすれば「収支ズレ」×月商＝必要運転資金になります。一般的に商売は売上が変化しても取引条件などは簡単に変わることはありませんから「回転期間」は一定するからです。

また「営業活動」を売上高で除した「キャッシュフローマージン」という数字があります。これは利益率とキャッシュフローの両面を見る数字で、「儲かってはいるが金繰りが悪い」場合などに低下しますから比較していく数字としては有効です。

「投資活動」は、前年の投資の金額との比較で経常的な設備の更新なのか、何らかか特別な目的を持った投資なのかを確認していくことが大事です。同様に資産売却の場合も理由を解明することが必要です。前向きな理由であればいいのですが、資金繰りや収益を出すための場合など事情によっては注意を要する場合があるからです。ポイントは「なぜ?」を繰り返すことです。同時に、結果としての「投資活動」を踏まえて「次はどのような投資の動きをしてくるだろうか」と想定することが、評価分析する以上に大事なことです。「前年投資をしているが、今後も続くのだろうか」「前々年投資をして、前年していないということは、今年は投資をするかもしれない」などです。

「財務活動」は、前年対比の資金調達と返済・償還の金額の動きに着目します。もし、新たな資金調達があればその目的の確認が必要です。

返済・償還が「営業活動キャッシュフロー」以上になっていれば、資金繰りも苦しいですし、新たに借り換えが必要になってきます。

財務活動も投資活動と同様に時系列な動きから、今後の動きを推察していくことが重要になります。

〈キャッシュフロー計算書の事例〉

C社のキャッシュフロー計算書を確認してみましょう。

営業活動キャッシュフローを見ると、前期に比較して今期は２００百万円ほど増加しています。また、投資活動キャッシュフローを見ると前期４００百万円の投資をしていますが、今期は50百万円に留まっています。さらに財務活動キャッシュフローを見ると、前期資金調達を２００百万円していますが、今期逆に３００万円有利子負債を償還しているようです。

この動きから読み取れることは、前期に大規模な設備投資を一部有利子負債の調達で行って

〔事例研究〕時系列比較分析３

Ｃ社のキャッシュフロー計算書

平成Ｘ年４月１日〜平成△年３月31日　（百万円）

	前期	今期
営業活動キャッシュフロー	300	500
投資活動キャッシュフロー	▲400	▲50
財務活動キャッシュフロー	200	▲300
キャッシュの期末残高	300	450

1. どんなシナリオが考えられるか（現状分析と課題抽出）
2. 経営改善のポイントは何か
3. 営業の切り口は何か

います。その結果として業績は好調に推移して営業活動キャッシュフローの結果を出しています。稼いだ営業活動キャッシュフローから有利子負債の償還に３００百万円を回しています。しかし、手持ちキャッシュは１５０百万円増やすことが出来ていますから、資金的安定性が増していると言えるでしょう。

また、この企業は今期も少額ですが50百万円の投資をしていますから、継続的な投資が必要な企業であることが推測されます。

今後、営業活動キャッシュフローが順調に推移すれば、手持ちキャッシュも増加しますから、本業の拡大を含めた新しい投資活動をどのようにしていくかが経営改善のポイントです。

営業の切り口としては、積み上げられたキャッシュの運用面の提案や、新しい投資に対する協力などが考えられます。

2 勘定科目の変化から何が見えてくるか

数字の変化を3表の大きな動きから読み取っていくことを説明してきましたが、もう少し細かいところに目を向けて考えていきましょう。

貸借対照表と損益計算書2表の勘定科目の動きに着目をします。各科目それぞれには個別の理由や背景が存在します。そして、科目ごとの動き、すなわち数字の増減から一定の理由や背景が想定できます。これこそ数字の動きから背景を読む、一番シンプルな方法であり、実務的にも管理会計上で日頃から経営者などが自然に行っていることなのです。また、金融営業の中でもこのあたりのノウハウが重要になってきます。勘定科目の数字の変化に目を付けて、仮説を交えながら想定される原因や背景をヒアリングして、想定できる改善策の支援事項の提案や打診を重ねていくのです。

例えば、「土地」という勘定科目が、前期300→今期500で200増えていたとします。想定される理由や背景は「新しい工場か事務所・倉庫・営業所を設けるために土地の取得をしたのだろう」ということです。想定される支援事項は「新しい建物や設備の建設、購入に伴う資金調達、また建設業や設備業者の斡旋、設備の稼働に伴う今後の市場開拓や顧客開拓に対する支援」といったところです。

例えば「給料」が、前期150→今期160で10増えていたとします。想定される理由・背景は「営業力強化、管理部門強化、新事業部の立ち上げなどの目的で新しい人員を増員したかな」と考えられます。想定される支援事項は「採用した人材の教育関係や新事業の市場開拓や顧客の紹介」などが考えられます。逆のシナリオとしては「業務の法的制約などで、運用管理担当の人員を増やさざるを得なかった」と収益構造としてはコストアップの悪いシナリオも考えられます。その場合改善策として「業務の見直しや効率化投資の提案・投資資金の調達」などです。このように一つの勘定科目の動きには「良いシナリオ・悪いシナリオ」があります。いかに豊かに様々なことを想定して経営者と話のキャッチボールが出来るかが信頼関係づくりの鍵になってきます。

それでは貸借対照表・損益計算書から考えられる二期比較分析を検証していきたいと思います。次ページ以降ケースごとにまとめていますので、確認しておきましょう。

キャッシュの増加は重要な経営課題だ

企業経営上、キャッシュを増加させることは「キャッシュフロー計算書」の登場でも分かるように大きな経営目標となってきています。現金・預金の変化は、いわゆるキャッシュフローの変化とも言えます。

現金・預金が増えるケースでは、以下のシナリオが考えられます。

・増資や、社債・借入を含めた資金調達をした。
・有価証券や固定資産を売却した場合の売却代金が滞留した。
・手形や売掛金で受け取っていた期間が短くなったり、現金の回収比率が高くなり、回収条件が好転した。
・仕入先や外注先への支払期間が長くなり、支払条件が好転した。
・在庫が減った。

回収条件や支払条件が好転したり、在庫負担が軽減された場合に、現金・預金が増えるのは、運転資金の必要額が少なくなり、資金（キャッシュ）に余裕が出てくるからです。また、収益が改善されて、増収、増益になった場合もプラス要因になります。

現金・預金が減る場合は増えるケースの逆で、以下のシナリオが考えられます。

・手形の受取りが増えて回収が遅くなったり、在庫が増えたりして、運転資金が必要になった。
・設備投資にお金を使った。
・赤字決算で、赤字の補填に資金が食われてしまった。

現金・預金が減るということは、経営上の安定性を考えた場合、大きな問題が発生していると言えます。

上記の考えられるシナリオから経営課題を想定して、支援・提案をしていきます。増資や資金調達の目的に対して、融資や社債の発行等の支援ができないかを検討・打診したり、販売先の回収条件が悪くなっているのであれば、条件の良い取引先の紹介をしたり、他業態を含めた新商品、新規事業の斡旋・提携・紹介支援ができないかを検討・打診します。

このようにシナリオが明らかになれば、企業経営課題もおのずと見えてきて、何が協力支援できるかが明らかになってきます。いかに「変化のシナリオ」が想定できるかが重要であると分かるでしょう。

二期比較分析：B/S の検証1

1＜流動資産＞①

現金・預金の変化

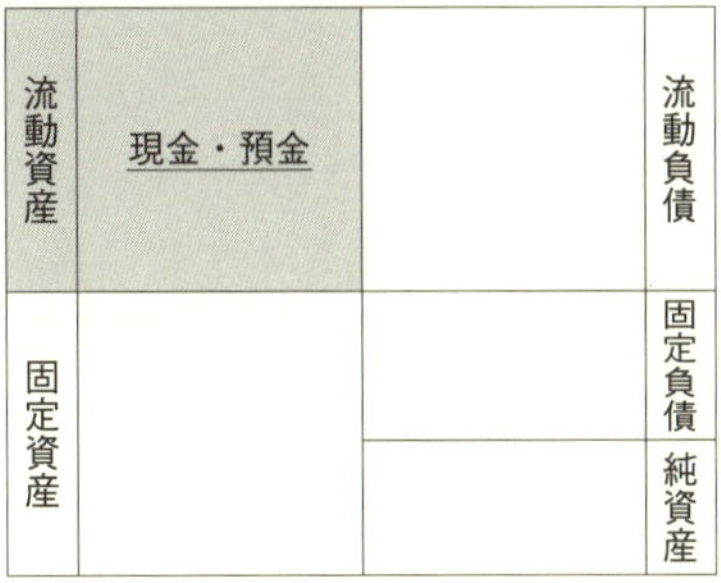

前年対比	区分	内容
前年対比 **増**	考えられるシナリオ	● 増収・増益による増加・改善 ● 取引条件改善によるキャッシュフローの増加 ● 資産の売却 ● 増資よる調達 ● 借入による調達
	課題	□ キャッシュの運用と再投資の検討 □ 売却目的の検証（資産売却の場合） □ 増資目的の検証 □ 借入目的の検証
前年対比 **減**	考えられるシナリオ	● 減収・減益・赤字による減少 ● 取引条件悪化によるキャッシュフローの減少 ● 資産の購入（設備投資・投資） ● 借入金の返済
	課題	□ 事業の見直し・手元流動性の安定 □ 経常収支の改善 □ 新規マーケットの開拓・新商品の開発 □ 資産購入目的の検証

増えても減っても課題がある売掛債権・棚卸資産

売掛金・受取手形の売掛債権や在庫・仕掛品の棚卸資産が変化する原因としては、現金・預金の項で説明したように、増加するケースでは、以下のシナリオが考えられます。

・売上高が伸びた。
・売掛期間や受取手形期間が長くなり、回収条件が悪化した。
・商品点数が増えたり、新しい商品の投入で、取扱い商品が変化し、在庫も増えた。
・最悪のシナリオとしては、回収不可能な不良債権が発生したり、不良在庫が増えた。

逆に減少するケースでは、以下のシナリオが考えられます。

・良いシナリオとしては、回収期間が短くなったり、現金回収が増えた。
・悪いシナリオとしては、売上が減少し、それに伴い売掛債権も、在庫も減ってしまった。

さらに、仕掛品の場合、製造業の生産に関するものであり、

・良いシナリオとしては、売上が伸び増産体制に入り仕掛品も増えた。
・新商品を開発し、新しい生産ラインを稼動させた。
・悪いシナリオとしては、生産性に問題が生じ、生産が遅くなったり、工場でのトラブルが多発して、製造工程にアンバランスが生じた。

以上のように、売上高に伴い、売掛債権・棚卸資産がバランス良く増加していく場合はあまり問題ではありませんが、売上高が変わらずに売掛債権・棚卸資産だけが増えたり、売上高も売掛債権・棚卸資産とも減っていく場合は、大きな経営上の問題が発生していると言えます。その問題を解決するには、販売先（マーケット）の見直しや新規先の開拓、新商品の開発や仕入先の見直し、在庫管理の徹底や不良在庫の処分、工場生産性の向上に伴う設備投資や人材育成など様々な課題と支援項目があると考えられます。

二期比較分析：B/S の検証2

1＜流動資産＞②

売掛金・受取手形・
在庫・仕掛品の変化

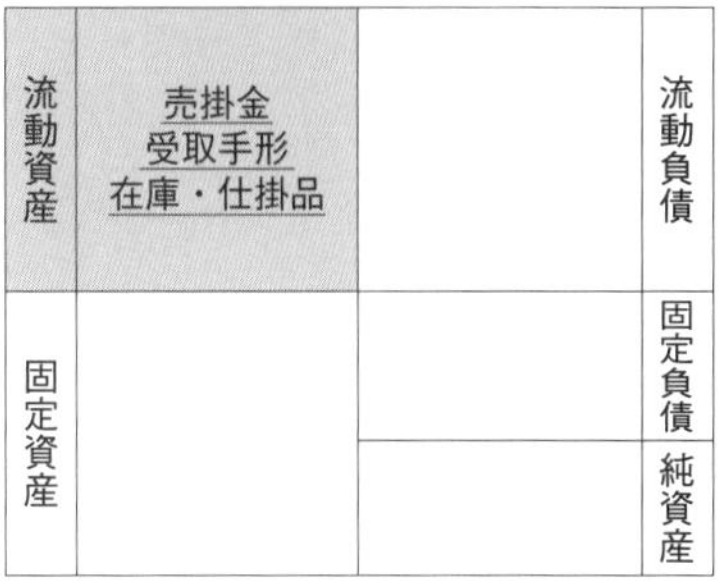

前年対比 増

考えられるシナリオ

- ● 取引先の変化（マーケットの変化）
- ● 取引条件の悪化（立場の変化）
- ● 運転資金の発生と資金調達
- ● 取扱商品の変化（新商品の投入）
- ● 不良在庫の増加（売上の落込み）
- ● 増産・新製品の開発・生産

課題

- □ 新規マーケット・新チャネルの開拓
- □ 借入負担の増減
- □ 売掛債権の管理と保全
- □ 新規商品マーケットの検証
- □ 在庫処分の検討（適正在庫の把握）
- □ 在庫の増加に伴う保管場所の問題

前年対比 減

考えられるシナリオ

- ● 売上の減少
- ● 取引条件の改善（売掛・手形期間短縮）

課題

- □ 売上の改善
- □ マーケットの拡大
- □ キャッシュフロー増加による運用と再投資の検討

増えた場合は要注意、中身の吟味が必要

未収金とは、本業以外でお金を受け取る予定のあるものです。増える場合には、下記のシナリオが考えられます。

・所有していた不動産を売却した。
・所有していた関連会社の株式・投資目的の株式を売却した。

なぜ売却したのか、その目的を確認することがポイントです。

前払金は、商取引上での手付金や、前渡金のケースが考えられます。したがって、新しい商品の開拓・開発で、新規の仕入先や外注先との取引が発生していることがよくあります。企業の経営上、新しい動きがあると考えれば、ビジネスチャンスが存在すると言えます。

仮払金は、役員や社員に対する出張費用などの先払いで、後日精算をします。通常は短期間の支出であり、かつ金額も小額です。もし大きな金額が発生している場合は、何らか特別な営業活動などが行われていることが考えられますので、十分内容を確認する必要があります。

短期貸付金が増えた場合は、誰に何のためにお金を貸したのかを確認します。取引関係での支援なのか、役員などへの個人貸付なのか、内容や回収に問題がないのかを検討します。

悪いケースの場合、回収ができないお金や赤字の原因の支払分を貸付金として、損益計算書の損失に計上しない、実質、粉飾決算をしている場合もあり得ます。同様のことは未収金や前払金・仮払金でも言えることです。与信管理が必要な販売先企業の場合であれば、定期的に検討します。また、融資審査をする時にも非常に注意をして見ている勘定科目でもあるのです。

その他の流動資産では、未収金や短期貸付金と同じように、個別の項目の内容と目的をよく検討してみる必要があります。

二期比較分析：B/S の検証3

1 ＜流動資産＞③

未収金・前払金・
仮払金・
短期貸付金の変化

流動資産	未収金 前渡金 仮払金 短期貸付金		流動負債
固定資産			固定負債
			純資産

前年対比 増

考えられるシナリオ

- 所有地を売却した（資金調達のためか）
- 所有株式を売却した（資金調達か、提携関係解消か）
- 関係会社への支援（貸付金）
- 新製品の発注用手付金（前渡金）
- 粉飾決算ではないか

課題

- □ 資産売却の目的検証
- □ 関連会社の支援事項の検討
- □ 貸付金の目的と内容検討
- □ 新商品用のマーケティング支援

前年対比 減

考えられるシナリオ

- 資金の回収（土地売却代金や株式売却代金）
- 貸付金の回収

課題

- □ 回収金の運用・投資の検討・支援

固定資産の変化は経営の大きな変化

有形固定資産の変化の場合は、設備投資のケースが一番多く考えられるシナリオです。

新たに購入した場合は勿論のこと、売却した場合でも、何の目的で買ったのか、売ったのかを明らかにすることが、企業の経営課題を把握するポイントです。

例えば、「土地」が増えた場合、何に使用する目的で土地を購入したのか、その目的に対して何か支援ができないのかを検討・打診します。もし、営業拠点の拡大や新工場建設の目的が確認できれば、建設会社や設備会社などの業者の斡旋、建築する建物に対しての保険提案があります。また、拠点拡大や増産に対応した販売先の紹介等の営業協力や、優良外注先の斡旋が考えられます。さらにシナリオを展開すれば、新しい拠点ができるということは、それに伴い新しい人材を確保しますから、人材の紹介斡旋や、社員教育・福利厚生などの支援項目も考えられます。このように、様々なシナリオと支援項目を想定しながら、話題展開をしつつ提案していくことがポイントになります。

「建設仮勘定」という項目が増えていれば、現在、何らかの建物を建築途中であり、具体的プランが進行していますから、早急に目的を確認する必要があります。

製造業の場合の「機械設備」で大きな動きがある場合は、生産体制の強化や新商品開発等の重大な動きがシナリオとして考えられますので、絶好のビジネスチャンスとして着目する必要があります。

固定資産の減少は経営の赤信号

固定資産が減る場合には、経営が苦しくてキャッシュを作るケース、借入負担を軽減するために所有資産を売却して返済資金に充てるケース、所有不動産の見直しを行って不要資産の処分したケースが考えられます。

また、固定資産の変化にだけ着目するのではなく、現在所有している資産の中身を吟味する必要があります。土地や建物、機械の利用状況と稼動状況を確認して、未利用地や未活用資産に目を向け、その有効活用を検討していきます。営業協力同様に、テナントの斡旋や新規事業向け活用等を提案していきます。

二期比較分析：B/S の検証4

2＜固定資産＞①

有形固定資産の変化
（土地・建物・建設仮勘定・機械等）

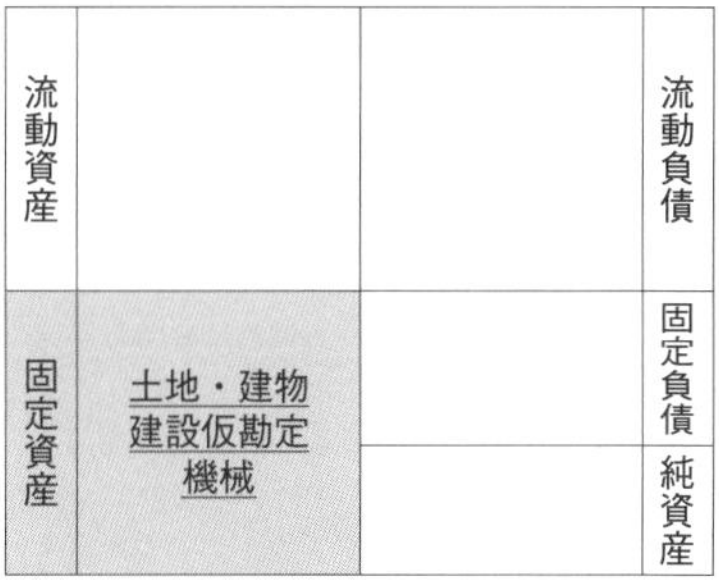

前年対比 増

考えられるシナリオ

- 事業拡大のための設備増強
- マーケット拡大のための本社・支店事務所・工場・倉庫の取得増築
- 売上増・新製品生産のための設備投資
- 本社・営業所・工場の新設途中（建設仮勘定）

課題

- □ 生産力・営業力強化対策の検証
- □ 事業計画の検証

前年対比 減

考えられるシナリオ

- 遊休資産の処分
- 事業縮小のための営業所・支店の廃止
- 生産調整による資産の売却整理

課題

- □ 事業再構築（リストラクチャリング）
- □ 資産の有効活動

投資等の変化は重大な動きでありビジネスチャンスがある

固定資産の中でも、「投資等」の変化が、最近特に顕著です。これは様々な企業で、業務提携やM＆Aなどの活発な動きが増えているからです。

関連会社株式や投資有価証券が増えた場合は、M＆Aや提携等で経営上大きな変化があった可能性が考えられます。何の目的の投資なのかを明確にすれば、課題やニーズも明らかになってきます。投資先の関連企業取引も含めた支援項目の提案をしていくことにより、取引が拡大すると考えられます。

基本的にM＆Aや提携をする場合の目的で考えられるケースは、自社商品の販売拡大や生産効率化、または、新商品、新規事業参入などが考えられます。いずれにしても、このような変化の時には、大きな経営課題の出現と捉え、ビジネスチャンスありと考えるべきです。

ただし、財務上の視点から気をつけなければならないことは、子会社や関連会社の業績が悪くて、赤字の補填として出資しているケースや、投資有価証券・関連会社株式が、計上されている数字だけの価値がないケースもありますので確認が必要性です。もし、仮に価値がないとすると、回収できない不良債権を抱えているのと同じことになり、経営上大きな問題となります。

逆に、投資等が減少した場合のケースでは、子会社の売却や提携の解消、持ち合い株式の売却等が考えられます。株式の持ち合い解消は、時代的傾向としても、最近特に上場企業で盛んに行われています。

それ以外には、資金調達のために所有している投資有価証券を売却したケースが考えられます。

二期比較分析：B/S の検証5

２＜固定資産＞②

無形固定資産の変化
（関連会社株式・営業権・投資有価証券等）

流動資産			流動負債
固定資産	投資等 関連会社株式 営業権 投資有価証券		固定負債
			純資産

前年対比 増

考えられるシナリオ
- ● M&A・業務提携・子会社化
- ● 新規事業の展開

課題
- □ 事業計画の検証
- □ 営業支援・取引先斡旋

前年対比 減

考えられるシナリオ
- ● 子会社の売却・提携解消
- ● 資金調達のための売却（投資有価証券）

課題
- □ 事業見直し計画の検証と業務支援

買掛金・売上とのバランスの検討がポイント

買入債務（支払手形・買掛金）が増加する場合には、以下のケースが考えられます。

・売上の増加に伴い、仕入も増加した。
・取扱商品の拡大を行い仕入商品数が増えた。
・製造業のケースで、増産や新商品投入のための生産ライン増設に伴い、原材料の仕入額が増加した。
・仕入・外注先への支払いで手形支払いが増えたり、買掛や手形の支払期間が長くなった。

取扱商品が増加した場合などでは、販売協力や取引先の斡旋などの支援が考えられますから、ここにもビジネスチャンスはあると言えます。また、仕入の増加に伴って商品の在庫が増える場合、保管スペースの確保やデリバリー（運送）のニーズも発生するとも考えられます。保険会社としては、増加する分の物的保障ニーズが発生しているとも考えられます。

手形支払いの増加や買掛期間・手形期間を長くすることは、キャッシュフローを増やす目的でも考えられます。しかし、一方的に支払条件を変えることには問題があります。売上高とのバランスと、品質に対する変化に影響はしないかを確認する必要があります。良い経営を行うためには、優良な仕入先や外注先に恵まれることも1つの重要な条件であることを忘れてはならないのです。最悪の場合、会社の資金繰りが苦しくて存続が危ういので、支払条件を長くした場合もありますので注意する必要があります。一般的に取引条件は簡単に変えません。

逆に減少する場合には、以下のケースが考えられます。

・売上が減少した。
・現金仕入の増加や売掛期間・手形期間が短くなるなど、仕入条件が悪化した。

条件の悪化によっては、運転資金ニーズが発生します。同時に、より条件の良い仕入先の開拓が必要となってきます。したがって、仕入先や外注先の斡旋もニーズがあるといえるのです。このように様々なシナリオを想定して、相手企業に打診してみることが重要です。

二期比較分析：B/S の検証6

3＜流動負債＞①

支払手形・
買掛金の変化

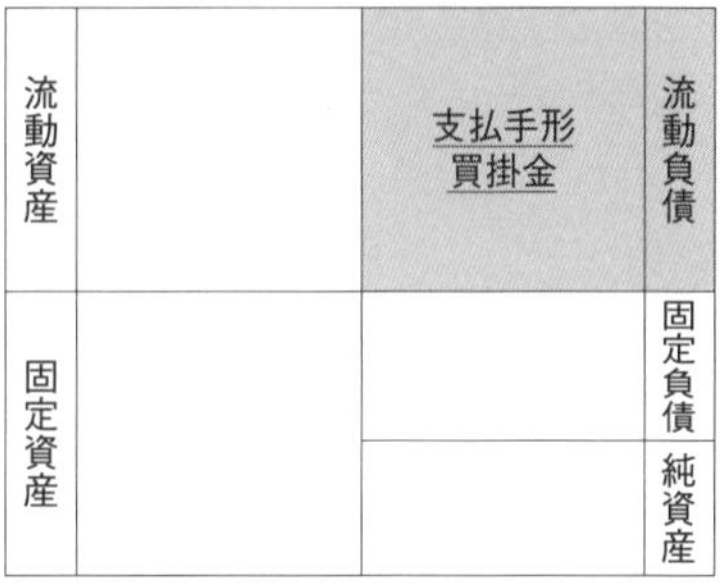

前年対比 増

考えられるシナリオ

- ● 仕入先の拡大
- ● 取扱い商品の拡大
- ● 取引条件の改善(キャッシュフローの改善)

課題

- □ 営業協力・販売先の斡旋
- □ 仕入条件のさらなる改善
- □ 優良仕入先・外注先の開拓・育成

前年対比 減

考えられるシナリオ

- ● 売上の減少
- ● 取引条件の悪化(キャッシュフローの悪化)

課題

- □ 運転資金の発生
(借入金が増える可能性がある)
- □ 仕入先の取引条件改善対策
- □ 優良仕入先・外注先の斡旋

借入体質脱却への営業協力・支援へ展開する

短期借入金が変化した場合は、通常、運転資金の増減による問題であるケースが一般的です。その場合、借入を増やさなければならない原因の追求をすれば、経営課題が見えてくると言えます。

運転資金の発生原因は、売掛債権の増加や在庫の増加です。売上が増えることは当然良いことですが、経営的側面で資金のことを同時に考えなければなりません。どんどん売上が伸びて、運転資金の必要も比例して増えていくと、資金の調達能力がなければ事業を続けていくことができなくなります。売上と資金のバランスを考えながら経営をしなければならないということです。つまり、資金の必要性を伴わず売上を伸ばすことができれば、企業にとって非常に良いことです。そのためには販売先の見直しをして、より有利な取引条件の顧客の開拓をしたり、新規チャネルの拡大、新商品の開発・投入等を行うことが経営課題として考られてきます。

借入金が増える最悪のケースは、赤字経営のための不足資金を借入で賄っているケースです。赤字体質を早急に改善する課題が要求されてくるわけです。

また、設備投資で借りた長期借入金の返済を収益で返せない場合、長期借入金の減った分だけ短期借入金が増えるケースがあります。この場合も、非常に経営上危険なことです。こういったケース見分けるためには、借入金が売上高に見合った金額に収まっているかを検討していきます。具体的には、所要運転資金に借入金が見合っているか、余分な借入をしていないかを見てみます。

「前受金」は新しい取引の合図

未払金や前受金が、増えたり、減ったりした場合は、何のお金なのかを明確にすることがポイントで、その目的や内容が判明すれば、課題やニーズも明らかになってきます。

特に前受金については、商取引上の「手付金」や「前渡金」など、建設業であれば「未成工事受入金」がこれに該当します。これらは商売上何か新しい取引が始まっているケースが考えられますので、協力・支援事項もあり得ると考えなどして、注意して中身を検討する必要があります。

二期比較分析：B/S の検証7

3 ＜流動負債＞②

短期借入金・
未払金・
前受金の変化

流動資産		短期借入金 未払金 前受金	流動負債
固定資産			固定負債
			純資産

前年対比 増

考えられるシナリオ

- ● 運転資金の増加による借入負担増
- ● 設備投資・投資の実施（未払金）
- ● 受注先行による手付金受入（前受金）

課題

- □ 借入負担の軽減対策
- □ 運転資金の削減対策（取引条件の改善）
- □ 新規取引先・新チャネルの斡旋・紹介
- □ 投資の検証と協力・支援事項検討

前年対比 減

考えられるシナリオ

- ● 銀行取引の変化（貸し渋り・選別）
- ● キャッシュフローの改善による返済

課題

- □ 金融機関の紹介

長期資金の調達には大きな目的がある

社債や長期借入金が増えるケースでは、通常、設備投資を行うために資金調達をするケースが考えらます。企業の変化としては、経営上の重大な施策ですから、その目的や狙いを確認して、協力・支援項目の検討・提示をすることが重要です。調達の内容に関しても、金額や期間等の条件を把握する事により、事業規模も推定されてきます。

生産の増強が目的か、コストダウンか、新規事業進出か等、それぞれの目的によって支援できる項目にも違いがあります。

いずれにしても、経営上大きなビジネスチャンスがあるはずです。長期借入金の借入期間や社債の償還期間については、その期間内に設備投資の投資額に相当する回収ができる事業計画を組み立てているはずですから、営業協力での支援事項は多々あると断言できます。また、設備投資等であれば、増加運転資金や追加設備投資の資金調達ニーズ、物的保障の保険ニーズも発生してきますし、さらに、従業員の増員による個人取引の拡大や人的保障の保険ニーズ等が発生してくるというシナリオも考えられます。

体質強化かリストラか

逆に、極端に減った場合には、以下のケースが考えられます。

・資産の売却や増資等の資金調達による有利子負債の削減、財務体質の強化をした。
・事業規模の縮小を目的として返済をした。
・銀行側からの返済要求や社債償還後の再発行が市場・取引条件悪化で見送られた。

企業としては、金融機関との取引や調達手段の見直し、さらには事業計画全体の見直しも迫られる経営課題として、考えていかなければならない場合があります。

退職給付引当金に目を付ける

退職給付引当金は、時価会計に対応するため上場企業を中心に積立不足の解消を急いでいます。不足分の積立により赤字決算をしている企業もあるくらいです。特に中小企業では、社員退職金の準備ができていない企業が多数であり、公的制度の「中小企業退職金共済」「小規模共済」や「確定拠出年金」を含めて、退職金制度の設計、見直しの提案をしていくべきです。

二期比較分析：B/S の検証8

4 ＜固定負債＞

社債・
長期借入金・
退職給付引当金の変化

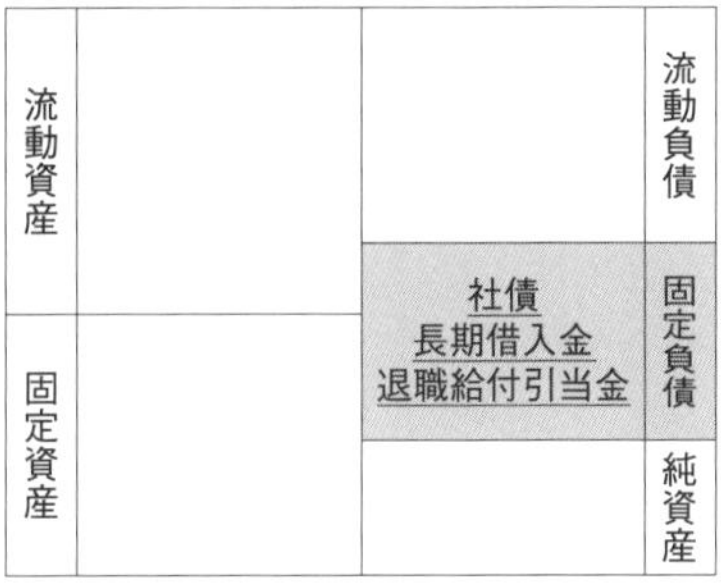

前年対比 増

考えられるシナリオ

- ● 生産増強・コスト削減の設備投資・投資の実施
- ● 新規事業のための資金調達

課題

- □ 設備投資目的と事業計画の検証
- □ 新規事業投資の成否検証
- □ 営業協力・支援事項の検討

前年対比 減

考えられるシナリオ

- ● 資産売却・増資調達による返済（体質強化かリストラ）
- ● 銀行取引の変化・社債再発行見送り（条件悪化）

課題

- □ 金融対策の見直し

純資産の変化は増資か利益の貯金

増資の場合には、増資の目的や狙いが何なのかを確認することがポイントです。設備投資に伴う資金調達手段としてなのか、財務体質（自己資本比率）強化のためなのか、合併・提携による増資なのか等が考えられます。

資本金の変化は経営上重要な動きで、簡単な目的で行うことはあり得ません。優良企業の増資案件であれば、取引上、増資引き受けも含めて検討をする必要があるでしょう。また、増資に応じた株主について見ていくことも必要です。誰が何の目的で出資をしたのかを考えることです。例えば、業務・技術提携をした場合や子会社・関連会社化した場合、持合をした場合等が考えられます。また、企業救済のために第三者が出資をするケースもあります。いずれにしても、資本金が変化するということは滅多にはありませんから、大きなビジネスチャンスであることは間違いありません。

減資の場合は、事業の縮小や財務体質改善が多く、一般的には経営上の再建手段として使われるケースが多いです。

資本剰余金の変化では、増資に伴う資本準備金の積み増し等が考えられます。

利益剰余金の変化では、当期純利益の加算による動きと、任意積立金の積み増しや、配当金・役員賞与の支払い、利益準備金の積み増しが考えられます。

資本剰余金や利益剰余金が減る場合は、赤字決算に伴う取り崩しによる補填のケースがあります。また、配当金支払資金捻出のための任意積立金を取り崩すケースが考えられます。

自己株式の変化では、ROEの改善による株主対策として、自社株の取得や自社株の消却の動きが考えられます。

また、時価会計の関係による、所有・投資有価証券等の評価差額の増減が「評価・換算差額等」の変化として記録されます。

さらに、会社法の施行に伴い、「新株予約権」が純資産に記録されることになりましたので、株式発行の動きや自社株移転の動きにも注意が必要です。

※純資産の詳しい変化は株主資本等変動計算書で分かります。

二期比較分析：B/S の検証9

5 ＜純資産＞

資本金・
資本剰余金・
利益剰余金の変化

流動資産			流動負債
固定資産			固定負債
		資本金 資本剰余金 利益剰余金	純資産

前年対比 **増**	考えられるシナリオ	● 資金調達のための増資 ● 合併・提携による増資 ● 配当支払いに伴う利益準備金積み増し ● 増資に伴う資本準備金積み増し ● 内部留保増強のための積み増し
	課題	□ 増資の目的検証と協力・支援事項の検討 □ 内部留保分の再投資検討
前年対比 **減**	考えられるシナリオ	● 赤字による減資（資本金） ● 自社株消却（ROE 改善） ● 配当支払いのための任意積立金取崩し ＜収益不足＞
	課題	□ 事業の見直しと収益対策 □ 株主対策の目的検証 □ 収益力改善対策

順調な時ほど経営者は次を考えている

売上高と利益が共に増えている場合は、経営は順調であると言えます。ただし、順調なときほど経営者は先のことを考えています。今好調な要因は何か、売れ筋商品は何か、マーケットはどうか、さらにどこに向かって、どのような戦略で営業展開をしていこうか等、次の経営方針の組み立てをしていると考えるべきです。ですから、ビジネスチャンスは当然あると言えるのです。

具体的検討の仕方として、経営指標の項でも説明しますが、売上高の絶対値の金額の変化だけではなく、売上高に対する利益率の変化にも着目する必要があります。

外的要因と内的要因

売上高と粗利益が伸び悩んだり減少してきた場合には、以下のシナリオが考えられます。

外的要因の場合は、①市場が飽和状態である、②商品に競争力がなくなってきた、③ライバル企業の台頭による影響、④景気に影響されている、等

内的要因の場合は、①営業力の不足、②生産体制の問題、等

ここに、企業経営上の主役たる、極めて明確な経営課題が存在しているのです。いかに売上高を伸ばし、粗利益を極大化していくかが、最大の経営課題であると言っても過言ではありません。

売上高と粗利に最大の経営課題がある

課題としては、①市場（マーケット）の見直しと新しい市場の開拓、②販売チャネルの見直しと新規チャネルの開拓、③商品構成の見直し、④低付加価値商品からの撤退、⑤新商品の開発・開拓・投入、⑥仕入先や外注先の見直しを含む生産体制の見直し、⑦生産性向上のための施策実施、⑧営業力強化のための人材の見直し（優秀な新規人材の確保と社員教育の徹底）、などが挙げられます。

以上の企業経営上で柱となる事項の見直しとプランニングとが経営課題であり、この部分について企業経営者と話ができれば、信頼関係は深まっていくと考えられます。

二期比較分析：P/L の検証1

1＜売上高・売上原価＞

売上高
売上原価
売上総利益
販売費・一般管理費 人件費　広告宣伝費　支払家賃　通信費 旅行交通費　交際費　研究開発費 減価償却　顧問料　貸倒損失
営業利益
営業外収益
営業外費用
経常利益
特別利益
特別損失
税引前当期純利益

前年対比 増

考えられるシナリオ
- ● マーケットの拡大
- ● ヒット商品の誕生
- ● 取扱い商品の変化
- ● 外注先・仕入先の変化
- ● 生産体制の変化

課題
- □ 仕入先の見直しと優良仕入･外注先開拓
- □ 生産体制の見直しと強化

前年対比 減

考えられるシナリオ
- ● 営業の不振
- ● 取扱い商品の変化
- ● 外注先・仕入先の変化
- ● 生産体制の変化

課題
- □ マーケットの見直し
- □ 商品・機械の見直し
- □ 粗利拡大のための仕入先・商品構成見直し

経費削減だけではダメ

販売費・一般管理費は、いわゆる経費のことです。この項目を検討する時は、単純に経費削減・コストダウンの視点だけで検討するのでは不十分です。経費の変化から、経営上の動きのシナリオを想定し、話題展開をしていく必要があります。

特に注意しなければならないのは、人件費や支払家賃、研究開発費が増えた場合です。なぜ増えたのか、何が目的で何が狙いかを確認することです。人員や拠点を増やすということは営業展開での大きな変化ですから、販売支援や顧客紹介等での協力・支援提案ができないかを検討します。研究開発費の増加であれば簡単には教えてくれないでしょうが、新商品の発売時期に合わせて協力・支援事項の打診をしていくことがポイントです。

このように、経費の動きから幅広いシナリオの展開ができれば話題も広がるというものです。

リストラの原因にこだわる

逆に減っているケースでは、リストラをしているのではないかを確認して、さらなる経費削減提案を打診していくことです。同時に、リストラの原因を明らかにして、もし売上不振や減益の問題であれば、営業支援も含めた提案をしていくことです。

節税対策は、まず減価償却

減価償却費は、費用と言ってもお金の出ない経費ですから、実質的利益と見ることができます。　販売費・一般管理費の減価償却費と、売上原価明細の減価償却費を利益に合算したものを「実質利益」とも呼んでいます（さらに社外流出を差し引き「キャッシュフロー」と言う場合もあります）。減価償却費は、企業にとっておいしい費用ともいえるのです。

利益がたくさん出ている企業であれば、まず第一に、減価償却費を増やす節税対策を考えます。したがって、企業に節税対策の提案をする場合は、まず「生産性に結びつく設備投資をして、減価償却費を増やす計画はないのか」を確認します。それから福利厚生等を狙った保険での節税対策提案をしていくことがポイントです。

これは、企業経営者に保険の話を最初に切り出してしまうと、「セールス」という認識で警戒されてしまうからです。

二期比較分析：P/L の検証2

[2]＜販売費・一般管理費＞

売上高
売上原価
売上総利益
販売費・一般管理費 人件費　広告宣伝費　支払家賃　通信費 旅行交通費　交際費　研究開発費 減価償却費　顧問料　貸倒損失
営業利益
営業外収益
営業外費用
経常利益
特別利益
特別損失
税引前当期純利益

前年対比 増

考えられるシナリオ

- 増員
- 販売のてこ入れ、マーケットの拡大、新商品の投入
- 拠点(本社・支社・工場・倉庫)の拡大
- 営業体制の変化
- 営業体制施策の戦略的動き
- 新商品の開発
- 設備増強
- 事業戦略立案の可能性
- 販売先の倒産(貸倒損失)

課題

□ 目的の検証(なぜ？目的は何か)

前年対比 減

考えられるシナリオ

- リストラ
- 拠点(本社・支社・工場・倉庫)の縮小

課題

□ 事業計画・目的・原因の検証

営業外収益は賃貸収入と配当金収入に着目

営業外収益のうち、受取家賃が増えたケースでは、所有している不動産の有効活用を行い、受取家賃が発生した場合が考えられます。他に未活用不動産はないのかを打診して、あればテナントの斡旋などの協力・支援をします。

逆に減ったケースでは、不動産の処分を考えて賃貸を止めたか、自社利用を検討している場合があります。

受取配当金が増えたケースでは、子会社、関連会社の業績が良くなり、配当金が増えた場合と、株式での資金運用を始めたケースが考えられます。逆に減ったケースでは、子会社、関連会社の業績悪化か株式の売却や提携解消ということが考えられます。

営業外費用の支払利息が増えたケースでは、何の目的で借入を増やしたのかを確認します。借入した資金の使い道にこそ、経営課題とニーズがあるのです。その目的によっては、協力支援が、単に金利負担軽減を目的とした金融機関の紹介だけではなく、様々な営業支援まで展開可能といえます。

逆に、支払金利が減ったケースでは、キャッシュフローの改善や、増資などの直接金融の活用をして、有利子負債を減らした場合が考えられます。

また、支払利息から平均借入金利を想定して、おおよその借入額が算出できます。例えば支払利息が300万円であれば、平均借入金利を３％と想定すると、１億円の借入をしていると想定できます。覚えておくと話題展開で使えます。

Ｐ／Ｌ：支払利息3,000,000円÷推定借入金利３％＝推定借入金額100,000,000円

特別損益は大きな金額に着目

特別損益の変化の場合は、固定資産の売却に伴う売却益か、売却損の発生が考えられます。何のために売却したかと検討すれば、課題やニーズが明らかになってきますし、固定資産の売却は企業にとって大きな変化ですから、注目する必要があります。

二期比較分析：P/L の検証3

売上高
売上原価
売上総利益
販売費・一般管理費 人件費　広告宣伝費　支払家賃　通信費 旅行交通費　交際費　研究開発費 減価償却　顧問料　貸倒損失
営業利益
営業外収益
営業外費用
経常利益
特別利益
特別損失
税引前当期純利益

3 ＜営業外収益・営業外費用／特別利益・特別損失＞

前年対比 増

考えられるシナリオ

- 運用先の変化（受取利息・配当金等）
  キャッシュフローの増加
- 借入金負担の増加（支払利息・割引料等）
- 資産の売却（事業の見直し、CF の捻出）

課題

- □ 資産運用の協力・支援
- □ 金融機関の紹介
- □ 営業の協力・支援

前年対比 減

考えられるシナリオ

- キャッシュフローの減少
  （資産売却による調達）
- 借入負担の軽減（資本調達・収益増加）
- 事業の見直し、目的の検証

課題

- □ 資産運用の協力・支援
- □ 事業計画支援

コラム 〈経営者に決算書を渡された時の対処法〉

勘定科目の変化からシナリオを想定する説明をしてきましたが、それを利用して経営者と上手に対応するノウハウを説明しておきます。

よく企業訪問をした時に、突然経営者から決算書を渡されて「うちの会社の数字だけど、見てどう思う？」と言われることがあります。その時どのように対応して決算書をどのように見ればいいのでしょうか。唐突で慌ててしまい何にも言えなかったり、損益計算書の「利益」項目だけ見て、黒字であれば「いい決算ですね」とだけ答え、社長に「どう良いの？」とさらに突っ込まれて困惑してしまう経験などないでしょうか。

出来れば安全性や収益性などの財務分析ノウハウを駆使して、社長に説明できることが望ましいのですが、なかなか難しいことが多いと思います。このような場合、慌てず感想や評価を述べるのではなく、「質問」に切り替えていくことです。

単年度の決算書だけであれば「社長、すみませんが前期の決算書も拝見させていただけませんか」と依頼をして、2期分の決算書を比較してみます。そして各勘定科目の変化を点検して、比較的大きく増減した科目に目を付け、「社長、私も勉強中の身ですから詳しくないので恥ずかしいんですが、ちょっと教えていただいてもよろしいですか。どうしてこの勘定科目がこんなに増えているんですか？」などと質問を繰り返していきます。動きの理由と背景から「社長が現在悩んでいることや考えていること、今後望んでいること」などの話題に展開していくことがポイントです。下手な評価を述べるよりも、よほど社長は「鋭いところを見てくるな、さすがよく見てるな」と逆に感心されるでしょう。

数字の変化には、必ず理由と背景のシナリオがあるのです。

なおこの時は、「なるべく謙虚に、教えていただく姿勢」で接することが大事です。

3 経営者が日頃気にしている「数字」とは

経営者が常日頃気にしている数字は、「業績」のことと「金繰り」のこと、つまり「明日の商売と明日の資金繰り」であるということで、当然数字とお金は直結しています。

具体的にどんな数字を気にして見ているか、同時にどんなことを思考するのかも含めて考えていきたいと思います。

「業績」については、当然毎日・毎月の「売上の数字」です。経営者は「いくら売上が上がれば、いくらくらい利益を確保できている」という計算を体で捉えています。したがって売上の数字イコール「粗利益」の数字に展開して認識しています。さらに具体的に売上の動向（粗利益の動向）を、流通業であれば、日頃の顧客の来店数や販売商品の種類や購入量などを気にかけながら、自分自身の景気動向を判断しています。製造業であれば、特定の数社の受注動向をとても気にしているものです。取引先の景気動向から自社の景気動向を予想していきますから「急にあのお客さんの注文が減ったな」などと敏感に反応するものなのです。

「資金繰り」については、売上高から資金繰りに自動的に繋げていきながら考えています。さらに取引条件で売掛期間や手形期間が関係すると、ますます資金繰りに直結しながら考えざるを得なく、色々心配もしています。そして常に目を向けているのは「預金の残高」です。経営

粗利益
顧客
来店数
商品
種類
受注動向

者とは、ある一定の預金残高を安心できる目安として持っています。これを「適正なキャッシュポジション」と言います。企業の規模や業種によって違いがあります。当然社長の性格によっても違ってきます。しかし経営者であれば誰でも持っているものです。適正なキャッシュポジションを上回る預金残高になっていると安心して、下回ってくると細かい経費などにもうるさくなってくることがあります。

適正なキャッシュポジションを独立間もない企業の場合の例で説明すると分かりやすいと思います。独立資金1000万円で会社を起業したとします。当然事務所の入居に関する敷金・保証金や前家賃・手数料、事務所の机椅子・パソコンなどの設備などで400万円を要したとします。すると600万円が手元に残っています。事業を開始するために必然的に使ったお金以外の、この600万円こそが最初に経営者が当てにする「適正なキャッシュポジション」になり、元手600万円で事業をスタートしたことと同様の感覚で経営者は捉えています。当然、事業が大きくなっていけば徐々にポジションも高くなってくるものです。企業によって違いますが一般的には毎月の固定費の数ヵ月分や、ある期間業績が低迷して赤字が続いた場合に対応できる範囲などを目安にしているケースが多いと言えます。

4 経営者目線の財務を実践しよう

経営者の目線は業績と資金繰りであると説明してきました。常日頃から悩んだり考えたり望んだりしていることは「明日の商売の繁栄と明日の資金繰りの改善」なのです。したがって経営者とベクトルを合わせて話をする財務は「どうすれば業績が上がるか：収益構造の改善」と「どうすれば資金繰りが楽になるか：キャッシュフローの改善」なのです。

この2つのことは、そのまま会社の財務に直結するものであり、財務諸表に表れているものなのです。貸借対照表・損益計算書・キャッシュフロー計算書のどの部分に目を付けて、どんな財務的視点で検討していければ、２つのテーマで役に立てるのか、相談相手になれるのかをしっかりと自分のものにしていくことです。

これまで説明してきたことや、これから説明を加えていくことについて、実際の経営者の立場に立って、また経営者と相対した時のことを想像して常に考えてほしいと思います。

5 財務三位一体把握とはどんなことか

貸借対照表・損益計算書・キャッシュフロー計算書の財務3表について、経営者はバラバラではなく一体で捉えていることは、既に説明をしてきました。そしてそれこそが経営者の目線とベクトルであると言うことです。

もう少し具体的に説明をしていきます。

例えば「この仕事は、確かにものすごく儲かるしおいしい仕事だが、うちの会社では受けられないな」こんな話をよく聞きます。これは仕事の内容として、受けるだけの企業規模や技術がない場合もあります。ただ、よくあるケースは仕事を受注したとしても、代金の受け取りが数ヵ月後の売掛金や受取手形になってしまうと、自社の経費や材料費・外注費の支払いが先行するため、立て替えるべきお金が必要となります。まさに運転資金ですが、その準備や調達が出来ないケースが一般的です。さらに、受注した仕事で何らかトラブルになった場合や、受注先の信用不安等で損失が発生した場合、その損失をカバーするためのお金である利益のストックがなければリスクを負えないということにもなりかねません。

以上の話は3表全てに関係してくる話なのです。「儲かる仕事」は損益計算書の話です。「運転資金」はキャッシュフロー計算書の話です。「利益のストック」は貸借対照表の話です。このように、経営者はどんな仕事の話でも、自動的に3表に思考が行ってしまうものなのです。P／Lの話をされても、自然にB／SとC／Fにつなげて考えているのです。この目線とベクトルが経営者であり、それを理解した上で話をしないと「何も分かっちゃいない」と言われてしまうのです。

例えば、節税対策の話をする場合です。節税はあくまでも損益の話ですからP／Lですが、企業にとって当然キャッシュの支払いが伴いますからC／F・B／Sに関係するわけです。「業績好調ですが、少し保険を活用した節税対策をされてはいかがですか」との金融担当者の問いかけに、「そんなこと言ったって金がないよ」と顧客の返事が返ってきた時、「でも、儲かってますよね」とさらに訳も分からず問い続ける金融担当者、呆れて怒る顧客は「でも金はないんだよ!!」このような理解のない会話をしていては、顧客の信頼を獲得することは不可能でしょう。

6 経営者が悩む財務のアレコレ

経営者が常日頃よく悩む財務的視点は、やはり商売のこと、資金繰りのことが中心です。

商売のことでは単なる売上だけでなく、仕入れしている資材や材料および仕入先、付き合いをしている外注先との関係、役員や従業員のこと、使用している設備や工場社屋のことと、あらゆることが財務に関係してくることですから、経営全てのことが財務と切り離せず、必ず頭の中のどこかで計算をしているものなのです。

例えば「来年ベテランの技術者が定年を迎える」とします。すると退職金を払わなければならない、退職金を払えば損益、キャッシュフローに、さらには預金のストックなど貸借に影響しますから、利益との関係をどうするか、資金繰り的にどうするかなどを悩むわけです。それだけではありません。同時に退職で穴のあく技術的な問題の穴埋めをどうするか、影響として売上にどれだけ響くか、技術者の育成も考え新しい人材を雇うべきか、嘱託で雇用延長しても繋ぎ止めるか、どちらが経営的にベストか、数字の計算も含め悩んでいきます。このように経営者は様々なことを、財務に展開して常に計算をしながら悩んでいるということを忘れてはいけません。

したがって、経営者と話をする時には数字に展開して話をすると、より具体的で、経営者の考えや悩みが聞き出しやすくなります。

例えば、「技術者がお辞めになるということは、今期の今後の売上にどの程度影響が出るのですか」「退職金の支払いが発生しますと、一時的に利益に影響出ると思いますが、資金的な問題を含めて何かご計画でもあるのですか」などと、お金の問題、つまり財務の関係に結び付けて話を展開してみることです。「さすが数字に強いな」と感心されるでしょう。

7 財務管理のしっかりしている企業の特徴

財務管理がしっかりしている企業は、社長がしっかりしている会社です。目安としては次のようなことが挙げられます。

①月次決算をしているか

特に中小企業などでは、なかなか月次決算どころか四半期決算も中間決算もあまりしっかりしてなくて、顧問の税理士任せというケースが多々あります。

②資料がすぐ出てくるか

毎日の伝票の入力や取引の記録がスムーズに処理されているかによって、財務関係資料がすぐに出せるか出せないか分かります。

③しっかりした経理担当者がいるか

社長自身が処理をしている場合もありますが、やはりしっかりした企業には、「番頭さん」のような経理担当者がいて、よく目を光らせている場合が多いと言えます。

④社長が数字に強いか

社長に財務関係の数字を聞いてすぐに答えが出てくるかです。しっかりした社長は常日頃から財務関係の資料にも目を通していることが習慣になっています。

⑤環境が整っているか

経理の職場環境に当然パソコンなどが導入されていて、会計ソフトなど用いて自社で入力する人材と環境が整っているものです。

8 経営者目線の基本は「粗利」の積上げと改善

企業経営者の目線やベクトルについては再三説明してきました。しつこいくらいですが、しかしこれこそが法人営業では最も重要なことだと考えるからです。

特に経営者の利益目線、「粗利」を再度説明していきたいと思います。

日頃から経営者は「粗利の積上げ」を気にしています。簡単に言えば毎月の経費を賄えるだけの、絶対値の粗利が稼げたかを毎日考えています。例えば毎月500万円の経費がかかっているとします。すると、月の半ば15日時点で400万円も稼いでいて今後月の見通しがついた場合、経営者は安心します。ところが、20日過ぎ時点で200万円もいかず見通しが立たない場合、細かい経費にうるさくなったり緊張をしてくるのが経営者の特徴です。

また、特に売上に対する粗利益率に非常に敏感です。「利益率が落ちてる」ことは毎日の取引の中で都度簡単な計算をしていますから、常に傾向値に頭と気が行っていると考えて間違いありません。

したがって企業経営者と話をする場合であれば「粗利」を中心とした積み上げと利益率の改

粗利
粗利
粗利
粗利
粗利
粗利
粗利

善がポイントでしょう。

〈困ったら粗利の質問をしろ〉

話の材料に困ったら、迷わず「社長、御社のようなご商売ですと、仮に粗利を1％改善するとすれば、どんなことがポイントになってくるのですか？」という質問をします。一般的に最も重要な経営課題が出てくるものです。そうしたらその問題の質問を繰り返していきながら、協力できる事項は何があるのかを探っていくのです。

9 経営の点検・改善に活用できる財務の数字とは

経営者は経営のチェックや具体的改善を検討する時に、日頃どんな財務の数字に気をつけているのでしょうか。当然、毎日の企業の動きの中で、経営者自身が持っている色々なバロメータというものがあります。例えばある取引先からの受注状況で「いつもより注文の数が少ないな」といった現象から、取引先固有の原因なのか、業界としての動きなのかなどを気にして探ったりするものなのです。経営者が体で感じるもの、よく「商売の勘」と言われるものですが、一般的には数字の裏付けをベースにしている場合が多いのです。

財務的視点では、何といっても「売上高」の数字動向です。毎日・毎週・毎月の売上の動きだけでなく、朝昼晩、平日休日、週初週末、月初月中月末、季節などの動きが、ある程度業種ごとや地域的な特徴を持っているケースが多いので、前年対比などの傾向値に目を向けているものです。売上高の動きに応じて、現状の問題点や改善策をどのように検討していくかを考えています。

売上と同時に「売上高総利益率」、いわゆる「粗利益率」の数字動向です。財務関係の資料を目にする時、前述しましたがこの数字は経営の基本的体質を物語る数字でもありますから、単なる「儲かった、儲からない」という一時的な事柄ではないのです。商品の競争力低下による単価の悪化なのか、生産体制の問題や製造コストの上昇による原価の悪化なのかなど、経営の本業の体質に起因することが多いため、簡単な経費削減などで解決できない問題を含んでいることも多いのです。したがってより深刻に受け止めざるを得ない数字であり、経営者が非常に気にしている点だと言えます。

次に「在庫」の状況です。企業経営にとって在庫は非常に注意を要するものとして、想像以上に気にしています。なぜかと言うと「在庫はお金が寝ている」からです。運転資金の金を食う代表的な存在です。運転資金の調達によって余分な金利負担が発生します。

さらに「在庫は倉庫費用がかかる」ものです。保管をしておくスペースも必要ですし、保管のために人員や管理費用がかかってきます。

さらに言うと「在庫は腐る」からです。在庫は保管期間や保管状況によっては腐敗したり毀損したりするリスクがあります。たとえ腐らないものでも、季節的なタイミングや流行・製品ライフサイクルなどで売物としての付加価値が低下して、最悪の場合「損失」にしなければならないことがあります。

資金繰り面で点検や改善の視点を向けているのは、現金預金の残高と売掛金・受取手形の残高です。数字の推移を見ながら当面の資金繰りの状況を計算しているからです。一般的に売掛期間や手形期間は一定しますから、ある程度は残高の推移から資金繰りが想定できます。したがって、収益面と同時に資金繰り面では必ず点検を入れている財務の数字であると理解しておきましょう。

10 設備資金と運転資金の決定的違い

企業の必要資金には、「設備資金」と「運転資金」と「赤字資金」の三種類のお金があります。「設備資金」もしくは「設備投資・投資資金」は、土地・建物・機械などの固定資産や投資目的の有価証券あるいは事務所を借りた場合などの入居保証金などの無形固定資産に対するお金です。金額も大きくなることが多く、借入による調達をする場合は、長い時間をかけて返済する長期借入金や社債などになります。当然、増資などの安定したお金であればもっと良いと考えます。

「運転資金」は、商売上のツケである「売掛金」や「受取手形」と在庫である「商品・製品」「仕掛品・原材料」が現金になるまでつないでおくために必要なお金です。

この資金は、短い期間、繰り返し必要になります。手形割引や短期借入金などで調達することが多くなります。

「赤字資金」は、よく運転資金と一緒にすることがありますが、厳密に考えればまったく性格を異にしていると考えるべきです。支払うべき諸経費を賄うだけの収益を上げられないために必要になるお金です。足りなくなって穴があくお金ですから、設備資金のように資産としての対価があるわけでもなく、運転資金のように受取手形や売掛金といった返す当てもないお金な

【企業の必要資金の種類】

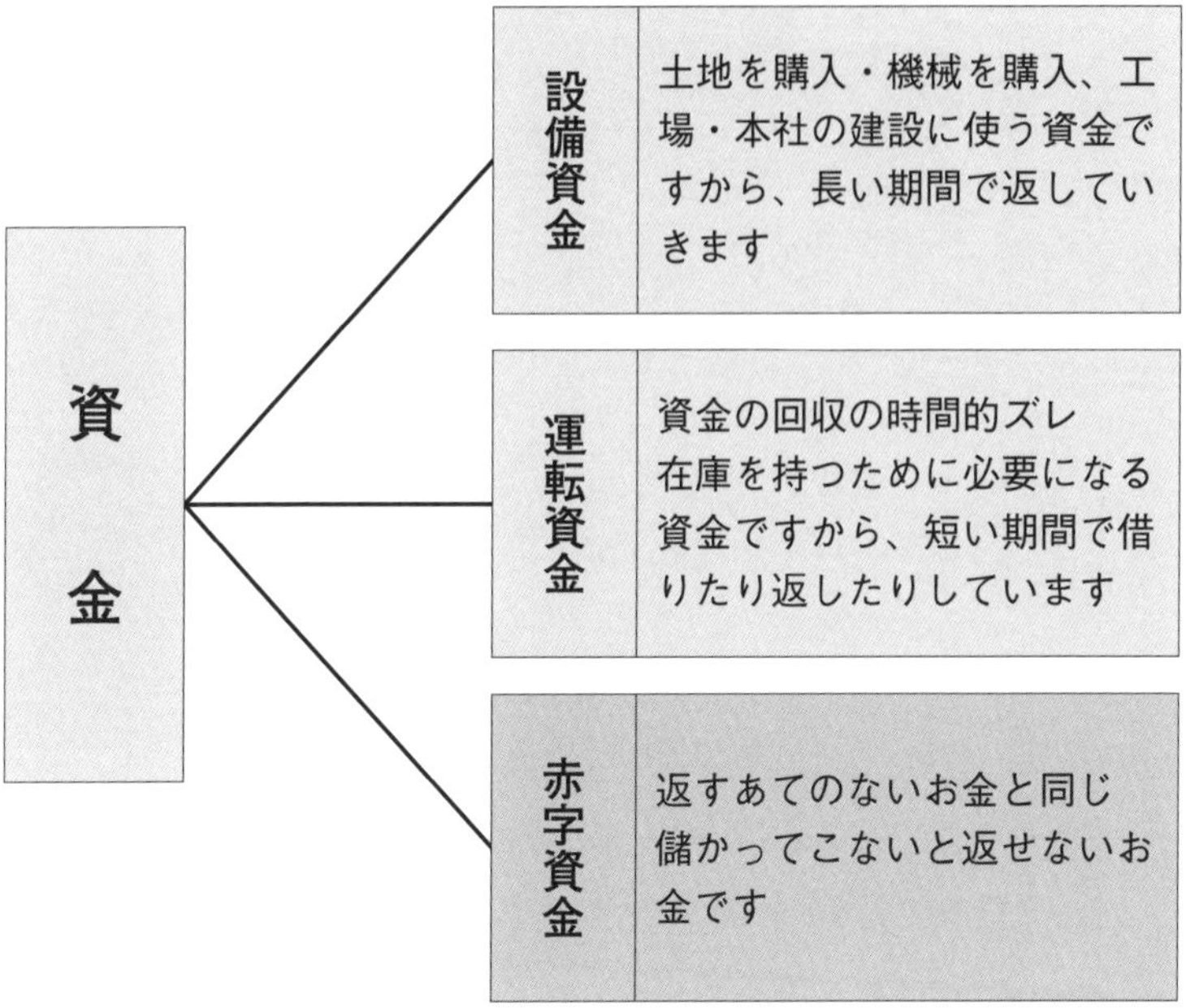
資金
設備資金
土地を購入・機械を購入、工場・本社の建設に使う資金ですから、長い期間で返していきます
運転資金
資金の回収の時間的ズレ
在庫を持つために必要になる資金ですから、短い期間で借りたり返したりしています
赤字資金
返すあてのないお金と同じ
儲かってこないと返せないお金です

【運転資金の犯人と計算方法】

これがお金を食う悪者

これがお金を生む正義の味方

<資産>		<負債>	
		支払手形	300
受取手形	500	買掛金	200
売掛金	300		
商品・製品	200		500
		※これだけ資金が必要 これが「運転資金」	

必要運転資金の計算（これを所要運転資金と言います）

売掛債権（受取手形＋売掛金）	800
棚卸資産（商品・製品・原材料・仕掛品）	＋200
買入債務（支払手形＋買掛金）	▲500
必要運転資金（所要運転資金）	500

＊悪者・正義の味方と言いましたが、全てがそうではありません。

のです。

「設備資金」と「運転資金」の決定的な違いは、借り入れた場合にもっともはっきりします。「返す当てが存在するかどうか」です。貸借対照表を見ればより分かりやすでしょう。「運転資金」の場合、資産の「流動資産」にいずれお金に変わる「売掛債権」と「棚卸資産」が存在します。返済する資金である「返済原資」がはっきりしているのです。

これに対して「設備資金」の場合、同じ資産の「固定資産」にある設備等は簡単に売るわけにはいかないですし、資産運用として所有している上場企業の株式などの有価証券であれば別ですが、実際に所有している有価証券は、長く所有して商売に役に立てていくことを目的にしていることが多いので、「売ったら商売にならない」のが普通です。したがって返済する資金がなく「返済原資」は商売で新たにお金を生み出してこなければ返せない資金なのです。

これこそが決定的な違いなのです。

「赤字資金」も設備資金と同様、利益で穴埋めをするしかないお金ですから、より慎重に考える必要があります。本業で埋めきれない場合は、資産を売却して利益を出すこともありうるのです。

運転資金がいくら必要とする企業かを確認するには、貸借対照表を確認すれば簡単にできます。

実質的にお金をもらわないで商品・製品を渡している、いわば「金を貸してる」と同質な「売

【設備資金返済の原資】

資本金 1,000 の会社が、長期借入金 500 で設備投資をしたケース

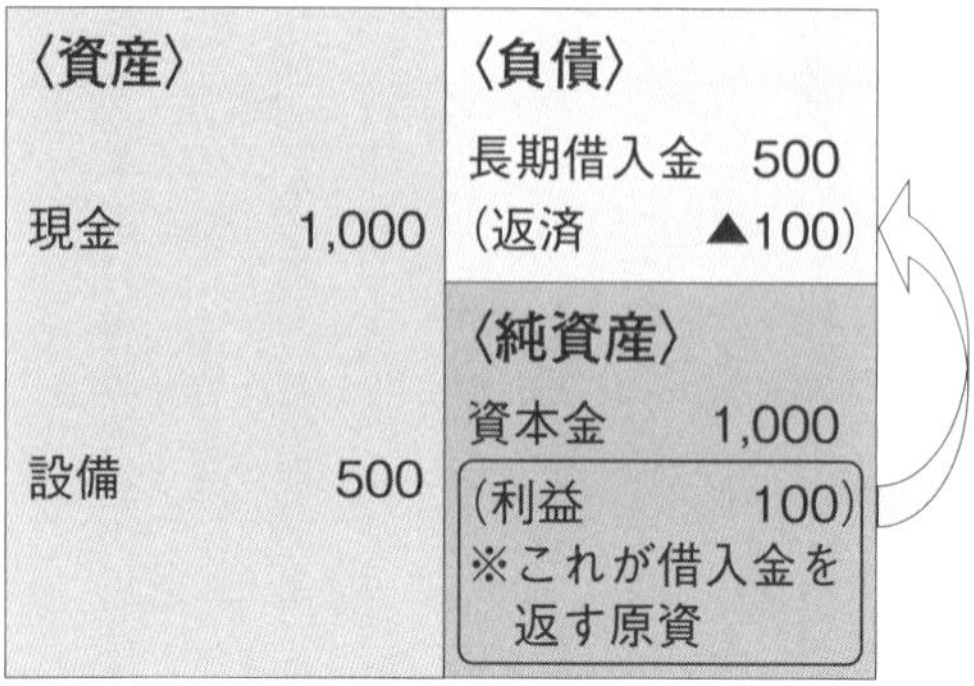

〈資産〉
現金 1,000
設備 500
〈負債〉
長期借入金 500
（返済 ▲100）
〈純資産〉
資本金 1,000
（利益 100）
※これが借入金を返す原資

現金や設備が返済原資ではなく、
新しく生み出してくる利益による資金が返済原資です。

【運転資金返済の原資】

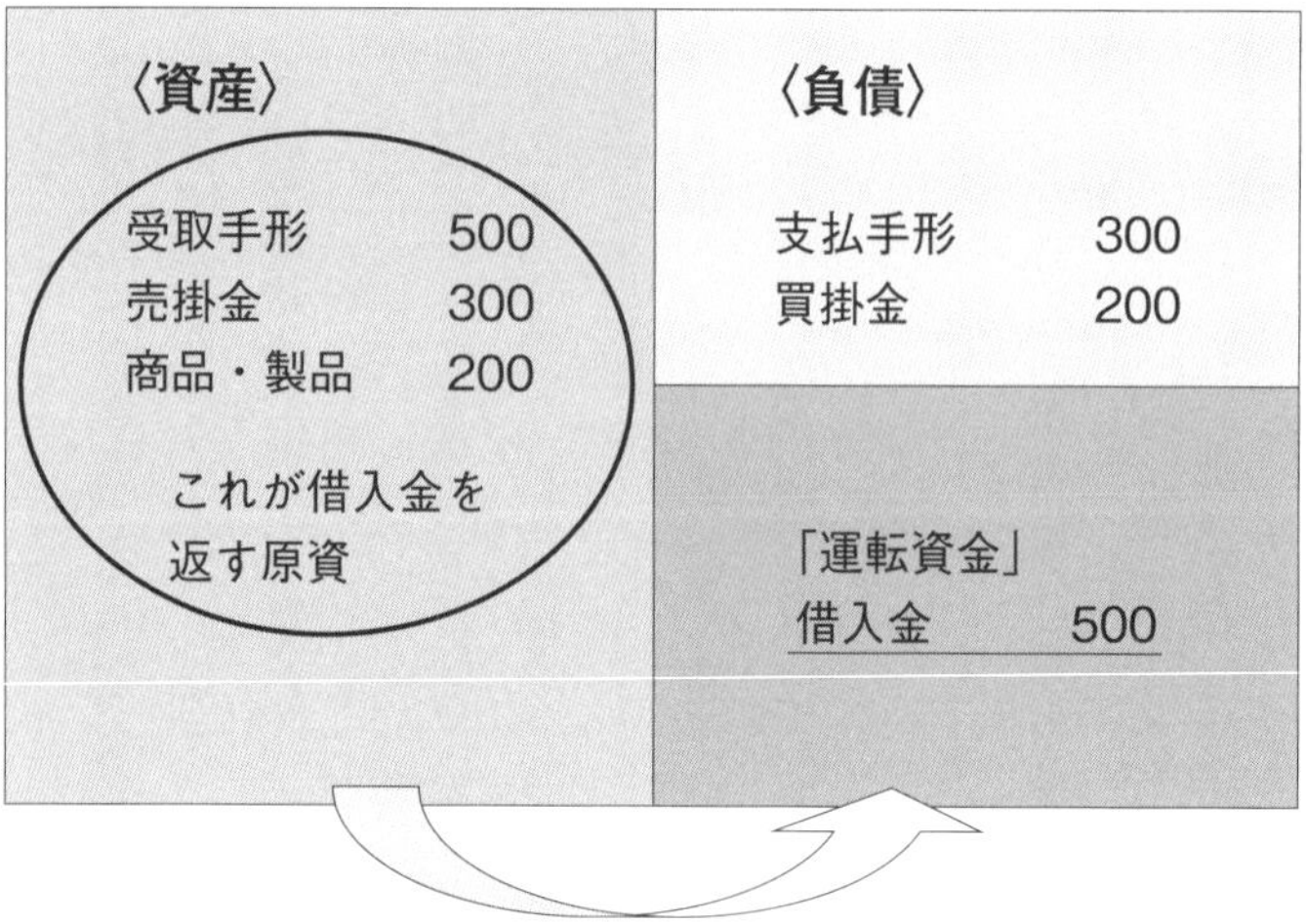

〈資産〉
受取手形 500
売掛金 300
商品・製品 200
これが借入金を返す原資
〈負債〉
支払手形 300
買掛金 200
「運転資金」
借入金 500

※受取手形・売掛金の回収、在庫の売却が運転資金の原資です。

掛金・受取手形」の金額（売掛債権）に、実質的に「お金が寝ている」状態の在庫「商品・製品・仕掛品・原材料」の金額（棚卸資産）を足して、実質的にお金を払ってないのに商品・原材料を貰ってきている「お金を借りてきてる」と同質な「買掛金・支払手形」の金額（買入債務）を差し引いた分が、企業にとって必要な運転資金になります。

要は「貸してるお金に、寝てるお金を足して、借りてきたお金を引けば、足りない分が出る」ことになり、これが企業の「必要運転資金」です。

11 経営者が調達の時に考えることは何か

経営者が資金調達をする時にどんなことを考えるのでしょうか。それは当然、資金の種類によって違ってきます。先に説明した「設備資金」「運転資金」「赤字資金」それぞれの場面によって、経営者は色々な条件を考えたり、借入後の様々な結果を想像をしますし、色々な覚悟もするものなのです。

「設備資金」の場合であれば、設備投資をしたことによってどれくらい商売の数字に貢献して経営上の成果が上がるかを当然考えます。同時に自社の体力との関係で、もしうまくいかなかった時に、現状の収益力であればどこまでカバーできるか。もしどうにもならない時は、精算した時にどのような結果になるかまで、一定のシナリオと覚悟を考えるものです。設備投資の借入資金は収益でしか返せないわけですから、経営上重要な影響を良くも悪くももたらすのが投資なのです。ましてや、借入の場合経営者である代表取締役が個人的な連帯保証もするわけですから、個人生活も巻き込んだシナリオを考えざるを得ないわけです。したがって、相応の計画と覚悟が必要になりますから、経営者は慎重になるものなのです。

これに対して「運転資金」はお金になるまでの「つなぎ資金」の性格ですから、返済原資である「売掛金・受取手形」の支払人が決済出来るかどうかの「信用」が決め手になってきます。

信用力の高い上場企業などであれば、特別な覚悟もそれほど必要なく調達を考えます。また、在庫についても「叩き売ってしまえば何とかなる」という範囲で考えることもできます。

ただし、売掛金・受取手形の相手である取引先との取引条件について、資金調達して支払う金利相当額に見合うだけの利益を確保できるかをも考慮する必要があります。「利益が金利コストで飛んでしまうようであれば、取引をしてもしょうがない」となります。

また、企業の調達能力と金融環境についても気にしながら取引を行っています。どんなに利益が見込める取引でも、現状の銀行取引や担保能力だと目安の限度を超える場合、慎重になったり取引そのものを断念したりせざるを得ないことは多々あるのです。

このように商売の取引の都度、経営者は色々な計算をしているものだと認識してください。

最後に「赤字資金」ですが、同資金を調達する時は、設備投資の借入と同様に収益でしか返済が出来ないものであり、一定の業績回復を見込んで調達するか、最後の会社清算をも想定して行うのが一般的です。商売そのものがうまくいっていないから赤字になっているわけですから、経営者としても返済できる見込みを業績か資産の処分かで当てを考えなければ無謀な借入になってしまうからです。

12 企業防衛力とはどんなものか

ある企業がどこまで損失や毀損が発生した場合耐えられるか、その目安とは、どう考えればいいでしょうか。財務諸表から企業のリスクに対する防衛力を理論的に検討した場合、ストック防衛力・フルストック防衛力・フロー防衛力と3つの視点が考えられます。

①ストック防衛力

ストックとは純資産の「利益剰余金」のことを意味します。利益剰余金は既に説明しましたが、過去からの収益の貯金ですから、この金額の範囲であれば「過去の利益の吐き出し」と言えます。したがって、ストック防衛力の範囲を押さえることはリスクマネジメント上、重要な基準になります。

さらに厳密に検討すると、利益剰余金相当分が「資産」の中でキャッシュと換金可能な資産になっているのであれば問題ないのですが、一般的には運転資金や設備投資などに回っている場合が多いため、緊急性に対応できることを考えると、できる限りキャッシュと換金可能資産内の利益剰余金の範囲で企業のリスクを抑えることが良いと言えます。

②フルストック防衛力

フルストックとは純資産（自己資本）のことを意味します。自己資本の金額との関係は、企業の精算価値範囲内に相当します。これを超えるリスクを負うことは「債務超過」になりますので、絶対に自己資本を超えるリスクは負うべきではありません。リスクに対して、保証によるリスクヘッジをするか、リスクを減らすか、リスクを移転させるかを考えるべきです。

また、フルストックを考える場合、精算価値ですから、所有資産の含みを加味することも現実的です。所有資産をもし処分した場合、税金が法人税42％差し引かれると考えると含みの58％を見込むことが目安となります。融資をする際の実態バランスシート（時価ベースで引きなおした債権・債務の金額）にも通じる考え方です。

③フロー防衛力

フローとは年間で稼ぎ出せる利益のことです。よくキャッシュフローとも呼ばれ、「税引後当期純利益（または税引前当期純利益か経常利益）＋減価償却費」のことです。

減価償却費は費用で収益から差し引きますが、実際にはキャッシュの支出を伴わない経費ですから利益と一緒と考えることができます。企業にとっての「実力利益・収益力」と考えてもいいでしょう。年間の収益範囲内のリスクであれば、企業体力として比較的対応しやすい金額で、できる限り企業リスクはこの範囲内に収めることを目安としたいものです。借入に対する返済能力でも必ず検討するものです。

①ストック防衛力
（利益剰余金）

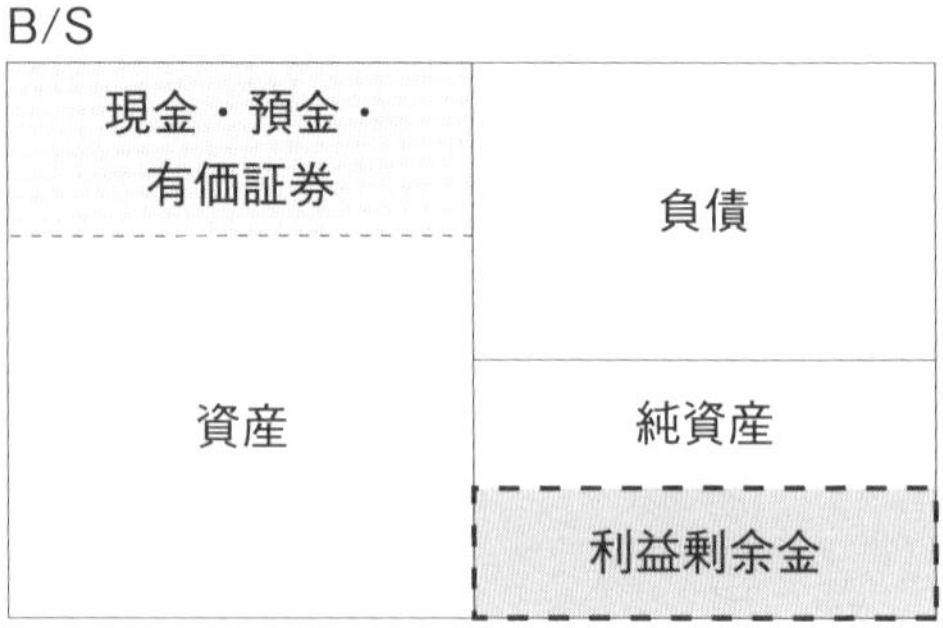

②フルストック防衛力
（自己資本）

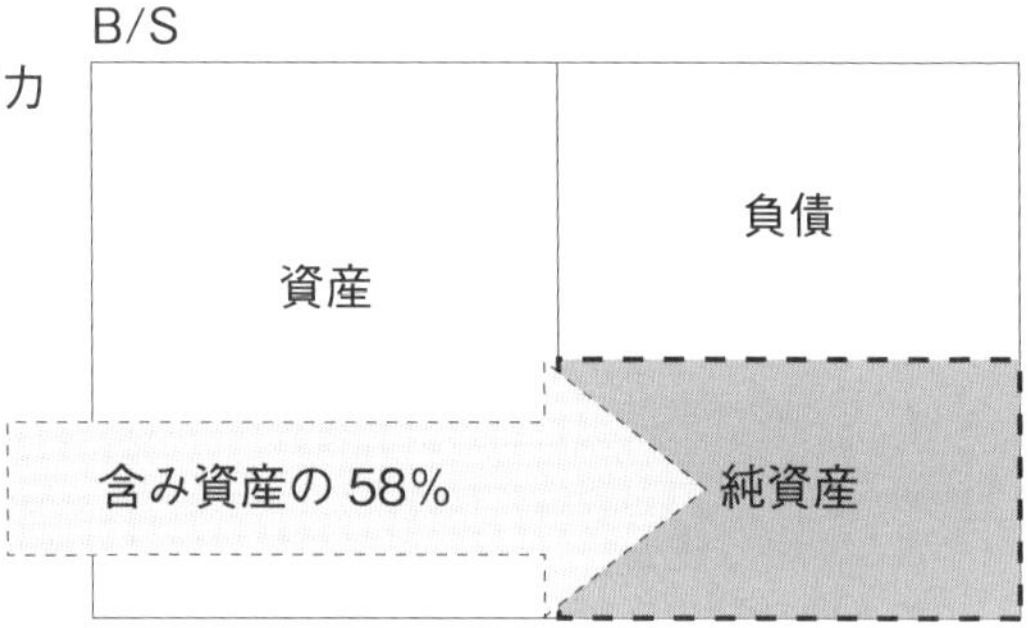

③フロー防衛力
（キャッシュフロー）

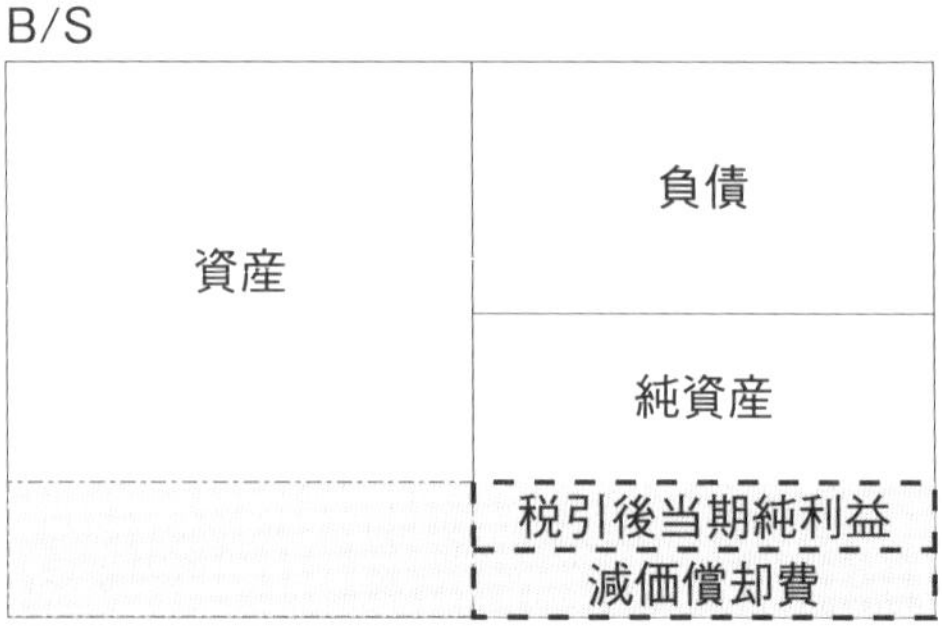

例えば新たな設備投資で1億円の借入をするとします。借入期間を10年とすると、金利を支払った後で元金を年間1000万円ずつ返済する必要があります。現状の収益体力から検討する場合、損益計算書の「税引後当期利益＋減価償却費」の金額が1000万円以上あれば問題ないですが、不足する場合は、新しい設備により不足分以上の「税引後当期利益＋減価償却費」を稼げる見込みが必要になります。これが設備投資資金に対する与信判断の基準ともなるのです。

13 節税対策を考える時の経営者のタイミングと特徴

節税対策について、よく保険会社などから「保険を活用されて退職金のご準備と利益の繰延をされてはいかがですか」と営業に来られる方がいます。さらに保険営業に限らず金融営業の人の多くは、儲かっている企業は常に「節税対策」のことを考えていると勘違いをしている場合が多いです。そんな考えで営業に行くものですから「節税なんて考えている場合じゃないんだよ」と断られたり、「顧問の税理士先生に相談をしておくよ」と流されたりしてしまうケースがよくあります。それは、経営者の節税に対する思考を理解していないからです。「節税対策なんて偉そうなことを言っているが、本当に理解しているんだろうか」と疑っているのです。何よりも節税対策とは経営者にとっては怖い存在でもある「税務署」が関係してきますからより慎重になるのです。金融機関の人間が経営者の立場や考え方、さらに経営者が考える節税対策の優先順位も理解していなければ経営者は安心して相談もできないのです。

では、どのように考え、何を優先して動くのでしょうか。

経営者で保険を活用した節税対策を考える人は、過去に保険を活用した節税経験のある経営者です。

ずばり経営者が考える節税対策の順番は、「明日の収益につながる、減価償却か戦略的経費の支出」です。

「減価償却」とは、設備投資をして生産性を向上させる、そして支払った資金を経費として処理していく、経費と言ってもキャッシュは出ないため実質的に利益を会社に残すことになり、経費分だけ課税所得が減額されるから節税につながります。経営者は決算が近づいている時に「来期に機械の更新や新たな設備投資を予定しているなら、前倒しで今期中に実施して減価償却をとる」と考えるものです。

「戦略的経費の支出」とは、先の商売の効果を見込んで、あえてキャッシュの支出が伴う「広告宣伝費」や「人件費」「研究開発費」を使用するわけです。「このままだと税金が多くなっちゃうから、今期中に広告宣伝を追加で打っておけ」などと経費の支出をして課税所得を減らして節税をするのです。

ただし、いずれの場合でも短期的・中期的・長期的に明日の収益や生産性に結び付くことが前提となります。

経営者と話を具体的にする場合であれば「業績好調とお聞きしていますが、今期中に設備投資のご計画はないのですか?」と問いかけます。「どうして?」と返ってくることが予想されますので「少し設備投資でもして償却負担(もしくは減価償却・償却物件)を増やさないと、税金の支払いで大変なのではないかと思いまして」と続けていきます。このような会話であれば、経営者から見た金融営業担当者は「節税のイロハは知っているな」と確認できて、相談に適する人物だと認識するわけです。

また、一般的に経営者はどんなタイミングで節税対策のことを考えているのでしょうか。当然経営の数字の管理である管理会計がしっかりしている企業であれば、早い段階から注目しているケースはあります。しかし、特に中小企業では、毎日の業績の積み上げである「粗利」と毎日の資金繰りに追われていて、なかなか節税対策まで考えている余裕がないと言えます。したがって、ある程度決算期が近付いてくるタイミングや4半期や半期などで数字の確認をしたタイミングであると考えられます。特に本決算で税金を納める時期や、中間納税をする時期に税務署と都税事務所から納付所が送付されてきます。その時に税金の「重さと苦しさ」と、何と言っても「勿体なさ」を感じて節税を考えます。

第 3 章

財務諸表から企業ニーズを把握すべし

1 金融営業上の「棚卸」と「試算表」の意味

企業を訪問した時やアポイントを取ろうとした時に、「棚卸で忙しくてだめだよ」との答えが返ってくるときがあります。その時に、どんな反応をお客様に返すかによって、企業と取引できるかどうか、ビジネスチャンスの獲得に大きく影響します。

「棚卸」がどんな意味を持っているのかを理解していれば、自ずと返す返事は決まってくるものです。棚卸を単なる在庫の確認との認識しかないようであれば「大変ですね」などの言葉だけになってしまいます。棚卸は残っている商品や製品などの数量を帳簿と合致しているか照合する仕事です。しかし数量の確認だけではなく「利益を確定させる」ために行っているものです。

そもそも売上原価の計算は「売上原価＝期首商品棚卸高（期のスタートの在庫）＋当期仕入高（今期購入した商品）－期末商品棚卸高（期の最終日の在庫）」です。期末棚卸高こそが決算時にやっている「棚卸」なのです。

例えば期首商品棚卸高１００・当期仕入高１０００・期末商品棚卸高２００とした場合、売上原価は９００（１００＋１０００－２００）となります。ところが、仮に意図的に期末商品棚卸高を３００にした場合は売上原価が８００（１００＋１０００－３００）になり、結果として売上総利益が増加します。逆に期末商品棚卸高を１００にすると売上原価が１０００とな

棚卸
帳ボ
数量
利益の確定

り売上総利益が減少します。これこそが「在庫の水増しによる利益のかさ上げ」「在庫隠しによる利益隠しの脱税」の在庫調整による粉飾決算です。これで分かると思いますが、正確な在庫の確認をしないと正確な利益が確定しないわけです。したがって「棚卸」をしているタイミングは企業活動の「決算」のケースが一般的に多いと認識するべきです。ただし、当然管理のしっかりしている企業は毎日・毎月在庫の確認を実施している企業もあります。

そこで、「棚卸忙しくてだめだよ」との言葉が返ってきた時には、間髪入れずに「あっ、ご決算ですか？　本決算・中間決算・四半期決算・月次決算いずれですか？」と問いかけます。「四半期だよ」との回答であれは「第1四半期、第3四半期いずれですか？」とさらに問いかけます。そしていずれの回答でも「数字の方はいかがですか？」と業績の状況を確認します。

「まぁまぁだよ」との回答であれば「ご好調のようですね、では早い段階で税金対策も検討する必要がありますね」と答えて節税対策に対するニーズに対応するべきです。

「大変だよ」との回答であれば「皆さんご苦労されているようですね」と共感を入れます。続けて「私どもで僅かなことでもお役に立てることはないでしょうか？」と答えて営業面でのニーズに対応するべきです。

特に中小企業の場合「四半期決算・月次決算」との回答があった場合、経営者や経理部長に「さすが部長（社長）のところは、管理会計（または、収益管理もしくは管理）がしっかりしてますね」と褒めることです。中小企業で四半期決算・月次決算をしている企業は、よほど社長

資金調達
節税対策
試算表
おじゃまします

か経理担当者がしっかりしていると考えていいからです。

このように簡単な言葉のやり取りの中でも、財務に関係した重要なキーワードが存在している場合があります。そのような言葉に敏感に反応してこそ金融のプロと言えるのです。

さて、経営者が今後の営業や資金調達・節税対策を考えるのはどんな時でしょうか。確かに「棚卸・決算」の時にも考えるものですが、そのタイミングでは少し遅いのです。実は毎月の「試算表」が出来上がる時です。試算表とは、毎月初に前月の取引伝票を会計ソフトに入力していきます。そして棚卸をしようが、するまいが入力後の数字を決算書と同じような形式で出力した書類を「試算表」と言います。この試算表を経営者は心待ちにして月初数日経過すると経理担当に「おーい、試算表出来たか?」と要求する光景を目にします。私も新規開拓でよくこのタイミングを利用していました。「ところで唐突で失礼ですが、社長のところは毎月の試算表はいつ頃出来上がるものですか」と問いかけ、「5日頃だよ」と10日前ぐらいであれば「さすが管理会計がしっかりしてますね」と答えながら日付を記録しておきます。翌月そのタイミングに再訪し、「そろそろ試算表が出来ている時期ですよね」と問いかけ、「何で知ってるんだよ?」と返ってきたら「先月おじゃました時に5日頃とお聞きしたものですから。ところで数字の方はいかがですか」と続けていきます。情報収集力の高さとタイミングのいい営業を心がけることで「さすが金融のプロだな」と信頼獲得にも繋げていくのです。

2 経営者との会話に活用できる財務知識

経営者と会話する時に、どのように財務知識を活用していけばいいのか考えてみましょう。前述しましたが、経営者の望みは「収益構造の改善と資金繰りの改善」です。この2つのテーマはそのまま財務知識につながっているのです。

収益構造改善につながる財務知識といえば、当然損益計算書が中心になってきます。簡単に言えば「売上高」を中心とした「収益」を上げて、原価や経費である「費用」を減らしていくことなのです。これらをまとめたものが「収益構造改善4原則」というものです。

売上高を上げるには「数量を増やすか」「単価を上げるか」になります。そこで、ポイントを2つのテーマに展開して、財務知識に結び付けていきます。

まず考えなければならないことは、「売上高」の動向はどうか、取引量の前期対比の絶対値や伸び率に問題があるのか、今後どのように改善していくつもりなのかなどです。

企業の本業の質を物語る「売上総利益」、いわゆる「粗利」に直結する販売の単価の動向はどうか。さらに、付加価値の高い商品開発を今後どうするのかなども重要です。

収益構造改善４原則		
売上高を上げるか	原則１：数量を上げる ・販売拠点・販売チャネルの増強 ・売場面積の拡大・営業時間の延長 ・品揃えの増強（売れ筋商品） ・新市場の開拓、新製品の開発、OEM ・営業の強化 （増員、教育、目標制度、インセンティブ） ・広告宣伝の見直し ・イベントの開催、セット販売	原則２：販売単価を上げる ・高付加価値製品の開発 ・ブランド戦略の導入 ・付加価値の追加 （追加機能搭載、アフターサービス） ・戦略的販売手法の導入 （コーディネート販売・コンサルティング販売） ・値引きの縮小交渉 （営業担当の教育） ・顧客リストの整備と分析
費用を下げるか	原則３：仕入原価を下げる ・仕入先・外注先の見直し（競争入札、絞込み） ・材料構成の見直し ・製造方法の見直し （アウトソーシング・内製化） ・物流コストの削減（拠点網の見直し・改善） ・設備投資による低コスト化 ・仕入方法の見直し （大量仕入・長期契約） ・仕入先・外注先のＭ＆Ａ	原則４：経費を下げる ・人件費の見直しと生産性の向上 （給与体系・リストラ・パート、契約社員の活用・教育） ・事務所スペース・拠点の見直し （統廃合や賃貸料の削減） ・事務所費用の節約 ・資金調達方法の見直し （金融機関の選別・直接金融の活用）

〈具体的会話の展開例①〉

「最近どの業界も厳しい状況ですが、御社の業況はいかがですか」と問いかけます。例えば「大変だよ！　売上が伸びなくて」との回答が出てきたら、「皆さんかなりご苦労されているみたいですね」と共感を入れて、質問に切り替えます。「やはり販売数量のボリューム面でご苦労されているんですか。もしくは競合関係で販売単価面で問題でも出てきているんですか」と続けていき、問題の焙り出しをしていきます。

改善対策として「私も詳しくないのですが、販売数量の問題ですと、今後どのようなことにお力を入れていくつもりですか。ある企業の社長様は『とにかく新規先開拓と新チャネルの開拓に力を入れるぞ』とおっしゃっておられましたが、社長様のお考えはいかがですか」「むしろ社長に教えていただきたいのですが、単価の問題ですと、やはり新商品開発などが鍵になってくるんですかね」などと質問を続けていきます。そして引き出した回答から「私どもは金融機関ですから、あまり大袈裟なご協力は出来ないかもしれませんが、僅かなことでもお力になれましたら幸いですので、何か宿題でもいただけませんか」と協力支援の申し入れをします。

この会話のポイントは話の中に具体的な事項をさり気なく加えつつ、あくまでも謙虚に教えていただく姿勢で展開していくことです。

具体的な回答を得るには、具体的な質問をすることです。漠然とした質問には漠然とした回答が、曖昧な質問には曖昧な回答しか返ってこないのが、会話の原則です。常に具体的なメッセージを社長に投げかけることを心がけてください。

費用を下げるには「原価を下げるか」「経費を下げるか」です。

やはり「粗利」に直結する売上原価の引き下げは、仕入先や原材料価格の動向はどうか、売上に対する原価率の推移で問題はないのか、生産現場での原価低減が出来ているのか、生産性向上における問題は何か、などに結び付いています。

経費を下げるためには、全体経費の見直しで「費用対効果の点検」を徹底する、全経費に占める人件費比率の推移などの点検や、人事制度の改革や採用方法の変更での費用の抑制ができないかなどを検討していきます。このように損益計算書に結び付けた財務知識の活用が中心となります。

〈具体的会話の展開例②〉

「儲かんなくて大変だよ！」と返事が返ってきた時を想定します。

「皆さんご苦労されているようですね」まずは共感を入れて質問に切り替えていきます。

「やはり、鋼材関係などの原材料の値上げなどが影響しているんでしょうか。ある企業の経営者様が『とにかく、仕入先と外注先の見直しをしなきゃ』と言われていましたが、具体的に社長様のところでは、どんなことにお力を入れていかれるご予定ですか。私どものネットワーク等で、僅かなことでもお力になれることがございましたら、おっしゃっていただけませんか」「給与体系やパート・契約社員の活用などで全体人件費負担を削減されることなどはご計画としてお考えはありますか。私どもでお力になれるようなことがございましたら、ご遠慮なくおっしゃっていただけませんか」このような会話に展開していきます。

この経費の見直しの会話で特に注意をしてほしいことがあります。

よく保険のセールスなどで遭遇するのですが、「保険の見直しをされて、コストダウン・経費の削減をされてはいかがですか」と営業してくる人がいます。しかし経営者にとっては「保険の見直しくらいでコストダウンなんか出来てたら苦労してないよ。何も分かっちゃいない、ただのセールスだ」という思いをするだけです。決して保険の見直しが効果がないわけではありませんが、全体経費に占める保険料などはごく僅かであり、材料費・外注費・人件費などの主要な経費に比較しても比べ物にならない金額です。日頃からそのような経費の見直しに、想像を絶するくらい、１円10円の戦いに追われている、もの凄い苦労をしているわけです。そのことをしっかり認識した上で会話を進めないとバカにされてしまいます。

例えば保険の営業であれば、

「社長様のところも、10円１００円の経費削減にご苦労されておられると思いますが」と経費の削減が簡単なことではないという認識をしていることをメッセージとして伝えます。

「全体の経費から考えれば、保険料はほんの僅かな金額かもしれませんが」と全体経費に占める割合が少ないことを認識していることも伝えます。

そして「私どもは金融のプロですから、保険の見直しなどであればすぐにお役に立てることがあるかもしれません。是非一度具体的なお手伝いをさせていただけませんか」と最後はプロとしての自信を持った提案へ展開することがポイントです。

「営業外収益」と「営業外費用」に関することになると、貸借対照表に対する財務知識が必要になってきます。

営業外収益では「資産の運用」を考えていけばいいことです。資産の運用とは、当然「売上高」にどのように貢献しているかが最も重要ですが、それ以外の資産の有効活用というと、例えば所有している「関係会社株式・投資有価証券」による配当等収益の動向、所有している「土地・建物」による家賃収益の動向などが考えられます。

営業外費用では「負債・純資産の調達」です。借入や社債の調達による支払い利息の金利費用の動向、増資などによる配当費用の動向などです。

当然運転資金の調達に伴う金利コストはキャッシュフロー計算書にも関係してきます。

〈具体的会話の展開例③〉

「本業が厳しいとおっしゃる企業様が増えていますが、どの企業様も僅かな調達コスト削減の検討をしたり、ある企業様では、所有している不動産の見直しをかけて無駄なものは売却、僅かな賃料でも見込めるなら有効活用だとお力を入れておられましたが、御社ではいかがでございますか。私どもで小さなことでもお役に立てることがないでしょうか」

このように「収益構造改善４原則」の具体的改善策を入れながら会話を展開していきます。記載した具体策などの切り口を「自分の言葉」に出来るように少しずつ増やしていくことが会話の量と質を高めていくコツです。

最後に「資金繰りの改善」です。

資金繰りの改善につながる財務知識はキャッシュフロー計算書を中心とした要素になります。ただし資金繰りは、貸借対照表・損益計算書にもより深く関係してきますから３表同時の思考が条件になってきます。ポイントは「入りを増やして、出を抑える」ことで、要は「キャッシュフロー改善４原則」です。

「入りを増やす」ためには「利益を上げる」「回収を早くする」です。

利益を上げる切り口は収益改善そのものです。まさにキャッシュの理想的源泉は「利益」だからです。

キャッシュフロー改善4原則		
入りを増やす	原則1：利益を上げる ・収益構造の改善 （収益構造改善4原則）	原則2：回収を早くする ・取引条件の改善 （手形期間の短縮交渉） ・商品付加価値を上げる ・営業担当の教育 ・販売先の見直し ・販売チャネルの見直し ・売掛債権管理の強化
出を抑える	原則3：支払を遅くする ・仕入条件の改善交渉 ・仕入取引先の見直し ・仕入方法の見直し ・長期契約、大量発注	原則4：在庫を少なくする ・在庫管理の強化 （POSの導入） ・マーケティングの強化 ・適正在庫の設定 ・生産方法・生産管理の改善 ・保管方法の見直し ・材料搬入方法の見直し ・仕入先の見直し ・仕入条件の見直し

「回収を早くする」とは、貸借対照表の売掛債権の動向です。販売先・販売商品・販売チャネルの見直しや売掛債権の管理強化で回収条件や回収実態の改善を図っていきます。

〈具体的会話の展開例④〉

「金がなくて大変だよ！」と返事が返ってきたことを想定します。

簡単に融資の話をするだけでなく「皆さんご苦労されているようですね」と共感を入れます。そして質問に切り替えていきます。

「やはり回収条件関係が厳しくなってきているんですかね。もしくは在庫負担が増えているなどの問題があるのですか。ある企業様でも回収条件を一方的に１ヵ月延ばされてしまったと嘆いておられまして『とにかく新しい販売先の開拓だ』とおっしゃっておられました。御社では今後どんなことにお力を入れていかれるのですか」と質問を続けながら協力できることがないか打診をしていきます。

「出を抑える」ためには「支払いを遅くする」「在庫を少なくする」です。

「支払いを遅くする」とは、貸借対照表の買入債務の動向です。仕入先・仕入方法の見直しが考えられます。

〈具体的会話の展開例⑤〉

「ある企業様で、少しでも金繰り改善に仕入先を絞り込んでいくか、新しい先を開拓していくかを検討されているところがございましたが、御社ではどのようなことにお力を入れておられるのですか。私どもでお手伝いできることがございましたら、宿題でもいただけませんか」

「在庫を少なくする」とは、貸借対照表の棚卸資産の動向です。仕入先・仕入方法により手持ち在庫の削減や適正在庫の設定により、在庫管理の厳格化による改善などが考えられます。

〈具体的会話の展開例⑥〉

「『とにかく資金繰りの改善は在庫だ、徹底して在庫を減らずぞ！』とご苦労されている企業様がいらっしゃいましたが、御社では、どのようなことにお力を入れていらっしゃいますか」

このように収益構造改善4原則と同様に、キャッシュフロー改善4原則の具体的改善策を会話に入れながら展開をしていきます。そして会話は、損益計算書と貸借対照表・キャッシュフロー計算書3表の財務知識に結び付けながら会話をしていければ、プロの金融人として認められる会話になるでしょう。

3 財務の知識を現場でどのように活用すればいいのか

金融のプロらしい上手なコミュニケーションをとって「さすが金融のプロは違うな」と言わしめるには財務知識の活用こそが有効です。

財務諸表が手元にある取引先であれば、具体的な書類上の数字を使って話を進めればいいわけです。もちろん、既に取引がある場合でも、ある程度事前に財務諸表を確認していく必要があります。質問をして「なんだ、うちの決算書も見てないのか」などということになったら一気に信頼を失うことになります。したがって、確認した実際の数字を織り交ぜることが「見てきているよ」とのメッセージにもなりますし、案件の掘り起こしにもつながってくるものです。特に引き継ぎ後間もなく面談する最初の面談時が一番重要です。なぜかと言うと、経営者は前任者や他行・他社との比較をしてきます。いわゆる「値踏み」です。新規先以上に厳しい目で見られていると覚悟するべきです。だからこそ、財務の数字を活用した会話に誘導して「数字に強い」ことをアピールする必要があるのです。まさに「舐めんじゃないぞ!!」です。

新規先でも同様です。金融営業らしい対応をするということでは、財務知識を活用した話題

値踏み中
質問中

展開が重要な武器になります。ただし、新規先の場合財務諸表がない場合がほとんどですから、業界平均の数字や、経済情勢や原材料の価格動向などからの情報を活用しながら財務知識に結び付けていき、実態把握と問題の焙り出しをしていけばいいのです。

例えば「最近原材料関係の値動きがかなり激しいようですが、社長様の原価動向や粗利面でどのような影響がございますか。どんなことにお力をお入れになっているのですか」「最近失業率が高まっているとのニュースが報じられていましたが、人事面で何か特別なご計画はありませんか。ほかの企業様でパートや契約社員の活用や、給与体系そのものを業績評価体系に移行するなどをされている企業様もあるようですが」といった質問に展開していきます。

4 財務指標の中でも特に気にすべき指標は

財務分析の基本は「安全性」「収益性」「生産性」の基本3分析が重要です。自ずと3分析に関係した財務指標を覚えておけばいいのではないでしょうか。

特に安全性を確認する指標としては「自己資本比率」「流動比率」「有利子負債依存度」「利益剰余金」の4指標に着目してください。

①自己資本比率

企業の全財産である「総資産」は、調達である「負債」と「純資産」によるものですが、負債のことを所詮最後はなくなるから「他人資本」と言います。これに対して「純資産」のことは会社に残る分だから「自己資本」と言います。「総資産＝他人資本＋自己資本＝総資本」とも言うのです。そこで全財産のうち会社に残る自分の分がいくらあるかを表すものとして「自己資本比率」があります。業種によって異なりますが一般的に50％以上であれば超優良企業であると言えます。過去の収益体質と結果としての財務体質を表すものです。

〈実践ポイント〉

各種財務指標を、実際の法人営業でどのような視点と活用方法を理解しておけばいいのか説

帝国データ企業情報

会　社　名　：　吉田工業株式会社
業　　　種　：　プラスチック製品製造業
代表取締役　：　吉田　太郎
（生年月日：昭和 20 年 10 月 5 日）
仕　入　先　：　山形工業　秋田商事
販　売　先　：　レオン電気　NED
創　　　業　：　昭和 60 年 4 月
従業員数　：　30 名

	売上高（百万円）	利益（百万円）	自己資本
200○.3（今期）	800	24	25%
200×.3（前期）	750	20	30%

明しておきたいと思います。

自己資本比率のデータが載っている資料として帝国データや東京商工リサーチ資料がありま す。前ページの帝国データ資料を見て下さい。増収・増益なのに自己資本比率の数字が30％から25％に下がっています。売上が８億円規模の企業ですから、総資産を10億円と仮定します。そう考えると前期自己資本比率30％ということは３億円が純資産です。当期２４００万円の当期純利益を計上していますから純資産が３億２４００万円になって、自己資本比率が25％ということは、３億２４００万円を25％で除してみれば、当期総資産が12億９６００万円となり、負債で２億７２００万円増加していることが想定されます。この場合、「借入をして設備投資をしたのではないか」と想定されます。このような数字の変化には特に敏感になって下さい。必ず質問を展開して企業ニーズを探っていきます。

②流動比率

１年以内に支払うべきお金「流動負債」に対して、１年以内にお金になる「流動資産」を比較する指標です。当然１００％以上でなければ支払えないことになります。これも業種によって違いがありますが、一般的に１２０％以上を目安としています。短期の支払い能力を表すものです。

〈実践ポイント〉

上場企業の場合、株主からの要請もありキャッシュフロー経営による資金効率化を求められるため、流動資産を少なくして流動比率を意図的に低くする傾向があります。しかし中小企業では、流動比率が低下することは売上の不振から収益が低下して売掛債権やキャッシュが減っていることが多いと考えるべきです。現実にはより潤沢な流動資産を抱えている方が安定しているとも言えます。したがって中小企業の場合、流動比率は１２０％以上と考えるべきですし、流動資産と流動負債の金額と内容を睨んで、支払い能力に問題ないかを検討することが大事です。流動比率が下がってくることは業績が悪化しているのではないかと見るべきです。

③有利子負債依存度

貸借対照表の調達である「負債・純資産」の負債の中でも借入金や社債など金利の支払いを伴うものを「有利子負債」と言います。ポイントとなるのは全調達のうち、その有利子負債でどのくらい調達しているかです。過去も含めて問題企業と言われている企業は、有利子負債依存度が60％を超えているような企業が多いのも実態です。したがって50％以上の場合は借入過多ではないかと考え、検討が必要です。借入体質化かどうか、身軽か身重かを表すものです。

〈実践ポイント〉

有利子負債の中でも問題は、運転資金以外の有利子負債をどのくらい抱えているかが重要になります。運転資金に向けた有利子負債は売掛債権と棚卸資産の換金性に問題なければ何の心配もいりません。どんなに増えても調達に問題がなければ、そして金利の支払いを十分吸収できる収益性さえ確保できていればが条件になります。しかし、設備投資や赤字資金として調達された有利子負債は利益しか返済原資がありませんから、借入過多などの点検をする時は、収益返済が可能かの検討を要します。

具体的には、「有利子負債（設備投資＋赤字資金）÷（当期純利益＋減価償却費）」で何年間で償還できるのかと、返済期間と見合っているかが重要になります。有利子負債依存度に合わせて必ず確認をする必要があると考えて下さい。このような話を経営者ときちんと出来ればさらに信頼されること間違いなしです。

④利益剰余金

純資産にある利益の貯金箱です。これが企業の収益体質と企業体力をも表します。企業防衛力で説明した「ストック防衛力」が該当します。過去の利益の蓄積が見えてきますし、同時に損失を出した時に対応力も見えてくるものです。企業の体質体力を表すものです。

〈実践ポイント〉

中小企業の場合「会社の決算書上の利益剰余金がなくても、社長の自宅に行くと御殿が建っている」ケースが多々あります。いわゆるオーナー企業でよくあるのですが、会社の利益をオーナー一族が吸い上げていることが一般的です。したがって、必ず社長個人の資産調査を忘れないことです。場合によっては自宅の謄本まで確認することも有効です。

「会社に金がない」だけで引いてしまうような営業では駄目だということです。

⑤収益性（儲かっているか）

収益性を確認する指標としては「売上高利益率（売上総利益・営業利益・経常利益）」「総資本経常利益率（ＲＯＡ）」２指標に注目します。

「売上高利益率」とは売上高の何割の利益を上げているかという、いわば商売の質です。利益は「売上総利益（粗利）」「営業利益」「経常利益」の３段階の利益に着目して各利益率を検討します。

「売上高総利益率（粗利益率）」とは企業の一番大事な利益である粗利を売上高で除したものです。経営者が最も気にするのが粗利で、売上高総利益率は大変重要な指標であると言えます。これが上がる下がるは、経費が増えた減ったなどと違い、商売における根本的な体質の問題になってくるからです。たとえ零点何パーセントの変化でも気になる数字なのです。経営者と会話する場合でも特に活用できる指標でもあると言えます。

「売上高営業利益率」は稼いだ粗利から、人件費や経費を差し引いていくら営業利益を残せたかですから、経費の使用状況や費用対効果が問題になってくるものです。

「売上高経常利益率」は営業利益から金融収益や金融費用を加減したものですから、財務体質や資産運用状況を表すものです。

〈実践ポイント〉

これまでも重ねて説明してきましたが、一般的に経営者と話をする場合、何も見ないで話が出来る財務指標が「売上高総利益率」いわゆる「粗利」です。経営者の問題意識を顕在化させる指標ですから「困ったら粗利の話」を忘れないでください。

⑥総資本経常利益率（ROA）

資産の有効活用と収益性を両面見る指標です。

他人資本と自己資本を合わせた総資本が全財産である「総資産」を形成しています。その総資産を商売にどれくらい活用して、どれくらいの利益を上げているのかを見ていきます。

「総資本経常利益率（ROA）」＝総資本回転率（売上高÷総資産）×売上高利益率（経常利益÷売上高）

〈実践ポイント〉

この指標は大企業だけでなく中小企業にとっても重要な指標です。極端な言い方をすれば「人様の金（他人資本）、自分の金（自己資本）を使って預金利息も稼げないなら、商売をやめて預金に回した方が良い」という、経営に直結する指標です。ただし、一般的に経営者は総資本経常利益率を構成している総資本回転率と売上高利益率それぞれ別々に目が行っている場合

安全性

自己資本比率
流動比率
有利子負債依存度
利益剰余金

収益性

売上高総利益率
売上高営業利益率
売上高経常利益率
ROA

生産性

従業員一人当たり売上高
従業員一人当たり利益

が普通です。だからこそこの数字を金融営業担当者側から促して着目させる必要があるほど、経営にとって大事な指標です。

⑦生産性（効率はどうか）

生産性では「従業員一人当たりの売上高」「従業員一人当たりの利益（売上総利益・営業利益）」に着目します。一人当たりの効率を検討する指標です。従業員数だけではなくて「生産機械1台当たり」「売り場面積1坪当たり」「車両1台当たり」など様々な有形資産・無形資産の効率で検討する場合もあります。

〈実践ポイント〉

特に中小企業ではこれが命だと言っても過言ではありません。中小企業では一人当たりの効率を追いかけることが経営管理でも一般的で、経営者が特に意識していると考えるべきです。中小企業の場合、経営的に余裕がありませんから「ぶら下がっている社員はいられない」と言えます。つまり一人当たりの効率が落ちることは経営危機を招くと考えてもいいほどです。したがって、目標体系でも人事評価制度でも最も重要視されているのが普通です。

5 話題にできる財務指標とは何か

経営者と話題にできる財務指標は、経営者自身の財務知識のレベルがどうか、財務資料を見て話が出来るのか、新規先のように何もない状態で話をするのかによって使える指標や有効な指標も変わってきます。

特に注意しなければいけないのが、経営者自身の財務知識のレベルです。もともと経理や税理士に任せきりでほとんど理論的な知識に詳しくない経営者や、理論的なことは詳しくないが経営上必要な売上や利益など感性として財務感覚を持っている経営者がいます。このような経営者と話をする場合、売上総利益率だの流動比率だの財務用語を使っても通じないケースがあります。また「何知ったかふりしやがって、頭でっかちの大企業の人間が」と敬遠されてしまうこともあるのです。したがって面談最初の段階では「探り」を入れながら話をした方がいいでしょう。

しかし、「粗利益率」や「一人当たりの売上高」や「一人当たりの利益」であれば、どんな社長でも、ある程度把握しているものです。先に書きましたように「売上高総利益率」との表現ではなく「粗利はどうですか」と言った平易な言葉を使うことが肝心です。特に同指標であれば、経営者が常に気にしている数字でもあり、話題展開では極めて有効であると言えます。

財務知識がある経営者や、既存先のように財務諸表が入手されている企業の経営者と話をするのであれば、安全性・収益性・生産性のそれぞれの指標を会話に持ち出しながら、今後の「業績向上」「今後の財務体質強化」のために、それぞれの指標から言える問題点や課題を率直に話をした方が、金融のプロとして信頼されます。

経営者と面談する場合、既に取引がある企業であれば財務諸表が入手されているケースがあると思いますが、新規先などでは簡単に財務諸表を見せてくれることもあまりありません。そこで、何もない状態で経営者と経営の話題を展開する場合に、材料として中小企業庁が発刊していた「中小企業の財務指標」や、「小企業の経営指標」（日本政策金融公庫総合研究所刊）などがあります。私もドアノックツールとして活用していました。情報の提供と問題の焙り出しに大いに役立つものです。

例えば「中小企業の財務指標」は、約百数十業種別に分類されており、さらに、従業員数や売上高の規模別に財務指標が集計されています。中小企業庁が全国82万の中小企業のデータを基にしていますから、生データとしても企業経営者にとって興味深い指標であると言えます。

ただし、経営者にも理解できて、なおかつ何も見ないでも会話を成立させるためには限られたデータしか使えません。財務指標だけでも約42項目もありますが、３つの数字に着目してみます。実際に現場で使える数字も３つしかありません。

比率分析の「売上高総利益率」、実数分析の「一人当たりの売上高」、それと同じ実数分析にある「人件費合計額」を「期末従業員数」で除して概算の「従業員一人当たりの人件費」を算出します。

この3つの指標を利用して話題展開を進めます。

具体的には「社長、唐突で失礼ですが、御社と同業種で同規模の一人当たりの売上高が○○万円となっていますが、御社はいかがですか？」と質問を投げかけます。これは、企業に情報を提供していることと、企業の問題を焙り出そうとしていることです。

仮に社長から「そんなにあるわけないだろう」との返事が来れば、「中小企業庁が発表している数字で、全国約80万社の数字から出しているらしいですよ。もし、何かお役に立てることがありましたら、是非宿題でもいただけませんか」と会話を続けて企業ニーズを探っていきます。中小企業の財務指標の該当する部分をコピーして、それを経営者の目の前に提示して話をしてもいいと思います。

①売上総利益

経営者にとって最も関心の高い指標です。

もし、この数字に関心を示すとすれば、収益構造改善の切り口での提案を考えます。「販売の単価を上げるか」「原価を下げるか」がポイントです。新商品の開発や販売先の見直し、仕入先の見直しと絞り込みは、製造方法の改善や材料構成の見直しなど、具体的な対処法を、会話に織り交ぜながら進めていきます。ただし、「私も詳しくないので、社長教えてくださいよ」などと言って、あくまでも謙虚に教えていただく姿勢を大事にしてください。

〈具体的会話の展開例〉

「社長、一点教えていただきたいのですが、社長の企業と同業種・同規模の平均的な粗利益率が○○%との数字が公表されていますが、そんなもんですかね？」と問いかけます。

「そんなに儲かったら、左うちわだよ」と否定的な返事が来たら、

「しかし、中小企業庁が発表している全国数万社の生のデータで発表されているんですよ。私は何も分からないのですが、販売先の問題か原材料関係の製造原価が鍵になってくるんですかね」と続けて問いかけていきます。

もし「それぐらいは当たり前だろう」との返事があれば、「さすがですね、やはり商品付加価値が他社と比較しても高いのですか、むしろ生産性が良くて原価面で競争力が強いのですか。私も何も分かっていないものですから、社長教えてくださいよ」と問い続けていきます。

そして「もし、原価面の問題であれば私どもでお付き合いしている納入先をご紹介させていただき、相見積りでも取られてはいかがですか」「今後ご検討のマーケットで、私どものネットワークなどにターゲット先があればご紹介でもさせていただきたいと思うのですが、いかがでしょうか」などと提案へ結び付けていきます。

②一人当たりの売上高

経営者にとって採算の目安にしている指標の一つです。

もしこの数字が指標より劣っているとすれば、従業員数が多すぎるか、従業員の質的な問題かもしれません。または、業態的な問題や販売先・商品の競争力の問題かもしれません。

人材の斡旋や従業員教育面での協力事項はないか、人事評価制度や給与体系などで何か協力出来ることはないかを探っていきます。

〈具体的会話の展開例〉

「社長、突然失礼ですが御社と同業種・同規模で、だいたい20〜50人の企業の平均的な『一人当たりの売上高』は○○万円という数字が中小企業庁が出している『中小企業の財務指標』という資料に掲載されていましたが、いかがですか」

先方社長から否定的な「そんなにないだろう」との返事でも、肯定的な「それくらいはなきゃやっていけないだろう」との返事でも、

「失礼ですが、このようなご商売ですと営業担当などに優秀な人材をどのくらい確保できるかが鍵になるんですかね。品揃えやマーケット・リサーチなどもポイントになってくるんですかね。私も詳しくないので、社長教えてくださいよ」と問い続けます。

「もし、人材の採用などお考えでしたら、人材あっせん会社などのご紹介ができないか動いてみたいと思いますがいかがですか」と提案に結び付けていきます。

③一人当たりの人件費

経営者にとって非常に気になる指標です。

この指標を話題に出すタイミングがあります。4月・6月・12月です。これは、ベアや夏と冬の賞与が支給されるタイミングです。この時期になると特に中小企業経営者は「嫌な季節が来やがった」と思っています。経営者はボーナスを払うことは当然負担感を感じています。同時に「よその企業がどれくらい出しているのだろうか」ということに非常に興味を持っています。人件費の情報は同業者間でもシークレットの場合が一般的だからです。

この数字に問題があれば、給与体系の見直しやピラミッド型の年齢別従業員構成の問題解決が必要と考えられます。人材の斡旋企業の紹介や新しい人事評価制度や給与体系の構築に関して協力が出来ないか探っていくのです。

〈具体的会話の展開例〉

「社長、こんな情報があるのですが、御社と同業種・同規模の企業の平均的人件費のデータがありまして、多少粗っぽいんですが期末従業員数で計算すると、一人当たりの人件費が〇〇万円となっていますが、いかがですか」と問いかけます。

「もっと高いだろう」と否定的な返事が来れば、

「失礼ですが、人員構成が年齢が高い方が多くなっているとか、給与体系そのものに見直しが必要になっているということはありませんか」

「そんなもんだよ」「そんな払っちゃったら、やっていけないだろう」などという答えが来れば、

「そうですか、最近では当たり前になってきていますが、給与体系に業績評価制度の導入をする企業様が多くなっています。何かそのようなご計画はありませんか」

と続けて問いかけます。

そして「もし給与規定や評価制度の関係で本格的な見直しをお考えでしたら、参考になる資料を次回持参したいと思います。本格的に検討されるのであれば、専門的機関をご紹介させていただきますが、いかがですか」と提案に結び付けていきます。

次ページで、３つの指標を活用した話題展開シナリオのポイントを表にまとめて掲載しておきますので参考にしてください。

話題展開例①

売上高総利益率（粗利益率）

唐突で失礼ですが、社長様の会社と同業種、同規模の平均的粗利益率が○○％というデータがありますが、御社はいかがですか。

【肯定的回答】
そんなもんだよ
それくらいなければやっていけないよ

【否定的回答】
そんなにないだろう
そんなに儲かったら左うちわだよ

そうですかやはり…
そうなんですね…

そうですか…
中小企業庁が出しているサンプル数万社の生データなんですが

私もあまり詳しくないので教えていただきたいのですが…

【課題のあぶりだし】

原価削減
「他社と比較して生産コストを抑える工夫を何かされているのですか」

商品付加価値
「特に付加価値の高い商品や技術をお持ちなんですか」

【課題のあぶりだし】
原価の高騰
「最近は材料の値上がり等で原価面が厳しい等の問題があるんですかね」

受注単価の低下
「受注単価の動向等が厳しいのですか」
業界動向の変化
「業界全体が収益面で厳しくなっているのですか」

競争激化
「競争が厳しい等が販売単価にも影響しているんですか」

【協力支援の提案】

得意分野の営業斡旋
「今後お得意得な分野で販路を拡大されるとすれば、どのようなところが狙い目ですか。私どものネットワークで、ご紹介できる企業があれば動いてみたいと思いますが」

他社との提携協力
「他の企業様と技術提携されて新商品開発をされてはいかがですか」

優良な外注先・仕入先の斡旋
「私どもでお付き合いしている外注・仕入候補先をご紹介させていただきますので、相見積を取られてはいかがですか」

新規事業・新規マーケットの進出
「もし、新規事業、新規マーケットにご進出等お考えでしたら、ぜひ具体的にご協力をさせていただきたいのですが

話題展開例②

従業員一人当たりの売上高

唐突で失礼ですが、社長様の会社と同業種、同規模の平均的売上高が○○万円というデータがありますが、御社はいかがですか。

【肯定的回答】	【否定的回答】
そんなもんだよ それくらい稼いでくれないと	そんなに無理だろう そんなに優秀な人材はなかなかいないよ
そうですかやはり… そうなんですね…	そうですか… 中小企業庁が出しているサンプル数万社の生データなんですが

私もあまり詳しくないので教えていただきたいのですが…

【課題のあぶりだし】	【課題のあぶりだし】
従業員教育 「従業員さんの教育関係で何か特別にお力を入れていらっしゃるのですか」 商品付加価値 「商品力が高いことも一因なんですか」 給与・業績評価制度 「給与、報酬面でやる気を出させる工夫をされているのですか」	過剰人員・従業員の質の問題 「特に人員面でお気にかかることは何かないですか」 業界の成長性悪化 「業界全体や販売先の問題で何かご苦労されている点はありませんか」 受注動向の低下・作業効率の低下 「受注面や生産面でお気づきの点などないですか」

【協力支援の提案】

得意分野での営業斡旋
「私どもでお付き合いをしている企業様で紹介できる先があれば動いてみたいと思いますが」

新商品開発、新規事業、業務提携先・協力先の紹介
「どこか業務提携や技術協力等できる先を探すのをお手伝いさせていただきたいのですが」

従業員教育等の支援
「従業員様や役員様向けにセミナーや教育ツールをご案内させていただきたいのですが。
本格的にお考えでしたら専門の機関をご紹介させていただきます」

話題展開例③

従業員一人当たりの人件費

唐突で失礼ですが、社長様の会社と同業種、同規模の平均年間人件費が○○万円というデータがありますが、このようなものですかね。

【肯定的回答】
そんなもんだよ
それくらい稼いでくれないと

そうですかやはり…
そうなんですね…

【否定的回答】
そんなに少なくないだろう
そんなに高くないだろう

そうですか…
中小企業庁が出しているサンプル数万社の生データで、人件費の合計を期末従業員数で割った粗々の数字ではあるのですが

私もあまり詳しくないので教えていただきたいのですが…

【課題のあぶりだし】
給与体系・業績評価
「給与体系に業績評価制度等、導入されているのですか」

業界の特徴
「業界全体としては他業界に比べて人件費負担が高い方なのでしょうか」

【課題のあぶりだし】
給与体系の問題
「給与体系等、今後改善されていくご予定はあるのですか」

年齢構成の問題
「年齢構成上、今後の採用面で考えていかなければならないことはありますか」

人材確保の問題
「どんな分野の人材を今後採用されるご予定ですか」
「定着面では何か問題や福利厚生面で工夫されていることはないのですか」

従業員教育、定着率改善
「人材育成面で、教育ツールの提供や福利厚生面での従業員定着でお手伝いできることはありませんか」

給与体系の改善
「もし、業績評価制度などの新しい給与体系をお考えでしたら私どもも協力させていただけますか」

採用体制の協力
「人材の採用等でご希望があれば、専門斡旋会社などの紹介もできますが」

6 ニーズを抽出するための財務指標とその活用方法

企業のニーズと財務諸表の関係は先に説明しましたが、主要な財務指標からニーズをどのように抽出するかを考えてみましょう。

今回は安全性・収益性・生産性の各指標から考えた場合です。

①自己資本比率

自己資本比率を向上させるためには、分子である「純資産」を増やすか、分母の「総資産」を減らすかです。純資産を増やすためのニーズとしては、利益を上げ、利益剰余金を増やすことが最も望まれるニーズです。それ以外では増資や株式の上場による資本調達をするニーズがあり、調達した資金で有利子負債を削減できれば財務体質強化を含めた自己資本比率の改善が可能です。今後の利益計画や資本政策のヒアリングがニーズ把握のポイントです。

総資産を減らすということでは、遊休不動産など無駄な資産を処分して、有利子負債の返済に回させることなどが考えられます。したがって資産の有効活用ニーズや売却ニーズなどが発生すると考えるべきです。

②流動比率

流動資産の増大と流動負債の縮小が流動比率改善のポイントですが、具体的には売上高を上げて収益を上げることによって、流動資産を増やしていくことが基本です。そのための経営改善ニーズは収益構造改善4原則・キャッシュフロー改善4原則でも説明してきた幅広いニーズとなります。

また、固定資産に対する投資は、出来るだけ純資産で行う、純資産で賄えない場合は固定負債の範囲で行うことも流動比率を100％以上に確保しておくための条件です。それに伴い、投資にまつわる資金調達ニーズが発生すると考えるべきです。

③有利子負債依存度

有利子負債の削減を、資産の売却で行う場合や増資による純資産の増加で行う場合などの資金調達ニーズが考えられます。また、取引条件の改善により売掛債権の減少か買入債務の増加、在庫管理の徹底による棚卸資産の減少などで必要な運転資金を減らすことによって運転資金の借入自体を減らすことも考えられます。

④利益剰余金

利益剰余金の積上げは、収益構造改善4原則そのものです。当然企業体質の強化を目的としてのものですし、今後の事業計画に必要な投資資金でありリスクに対する備えでありますから、そのような内容を含めて話題展開することがポイントです。

⑤売上高利益率

利益率の改善は企業ニーズの塊とも言えます。経営者と話をする場合に最も話題の使える財務指標です。特に「売上高総利益率（粗利益率）」です。販売先・販売商品・販売チャネルの見直しや新規開拓・開発、営業体制や人材教育などでも様々な経営ニーズがあるものです。

営業利益率・経常利益率では各種経費の見直しニーズや、資金調達の方法の見直しニーズが考えられ、それぞれ改善策を探っていくのです。

⑥総資本経常利益率（ＲＯＡ）

利益率改善と総資産の見直しがポイントになってきます。利益率改善は既に前述したことと同様です。総資産の見直しも自己資本比率の見直し同様、資産の活用見直しをする関係でのニーズが発生します。

⑦一人当たりの売上高・利益

中小企業の経営にとって非常に重要な指標であると説明しました。最小の人員で最大の成果を目指す、これこそが経営のニーズです。そのためには優秀な人材の採用や育成が鍵になってきますから、人材あっせん企業やビデオライブラリーやセミナーへの誘導などで協力出来ないかを探っていきます。

7 損益分岐点を活用した話題展開ノウハウ（電卓一つで信頼を得る方法）

損益分岐点は事業の採算検討や予算計画などに活用されるものです。損益分岐点の計算方法は、是非とも自分のモノにするべきです。営業現場で経営者と話をする時や、経営者から様々な相談を持ちかけられるような信頼を獲得する切り札としても活用できる数字スキルです。

まず「損益分岐点」について説明しましょう。損益分岐点とは、企業経営の業績で、利益も損失も出ない「収支トントン」のことです。損益分岐点を上回れば黒字、下回れば赤字です。

損益分岐点の算式は、

損益分岐点売上高＝固定費÷限界利益率（１－変動比率）

です。

固定費とは、売上があろうがなかろうがかかってくる経費です。一般的には正社員の給料や家賃など毎月かかっている費用のことを言います。

変動費とは、売上が増えれば増えるが減れば減る費用のことで、売上原価や売上の金額に応じて支払われる歩合給や個別商品の広告宣伝費なども該当します。

損益分岐点と目標利益の設定

損益分岐点とは企業の採算ラインを表す指標です。

【損益分岐点の求め方】

$$損益分岐点売上高 = \frac{固定費}{限界利益率}$$

限界利益率＝1−変動費率

$$変動費率 = \frac{変動費}{売上高}$$

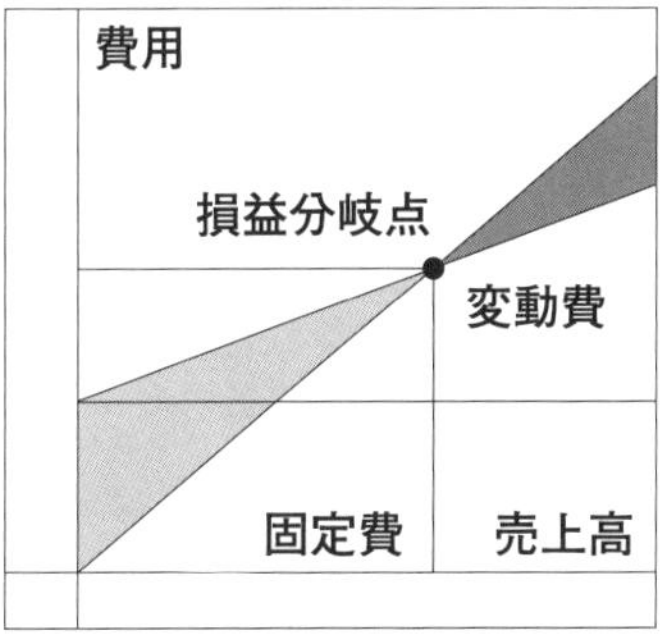

【目標売上高の求め方】

$$目標売上高 = \frac{固定費＋目標利益}{限界利益率}$$

変動費	商品仕入原価　原材料費　外注加工費 販売手数料　販売促進費　荷造運搬費
固定費	労務費　消耗品費　修繕費 人件費　交際費　交通費　減価償却費

変動比率とは、簡単に言えば「原価率」のようなものです。「我が社の商売は、売上から大体半分は材料や外注費で50%持っていかれる」と説明した方が分かりやすいと思います。

限界利益率とは、簡単に言えば「儲け率（利益率）」に近いものだと考えていいでしょう。「我が社の商売は、売上から材料費・外注費を差し引いて50%の利益を確保できる」、つまり限りなく粗利に近い数字ですが、厳密に言えば粗利ではありません。製造業などの場合、自社の職人が原価に含まれてしまうからです。しかし特に中小企業経営者は、原価に含まれる人件費経費などの固定費部分を差し引いた利益を「粗利」と同様の認識を持っているケースが多いです。

固定費が1000として限界利益率50%であれば、損益分岐点売上高は2000となります。

固定費1000÷限界利益率50%＝損益分岐点売上高2000

右記はあくまでも収支トントンですが、企業の予算計画や事業計画を立てる場合、固定費に利益加えて合算したものを限界利益率で除すれば「目標売上高」である計数計画が出来るのです。

利益を200残すためには、

（固定費1000＋目標利益200）÷限界利益率50%＝目標売上高2400

となります。

もう少し簡単な例で説明しますと、ラーメン屋を開業するとします。

店舗の賃貸料や人件費などの諸経費が月額100万円かかるとします。仮にラーメン1杯が1000円で、材料などの原価が500円だとします。売上の半分が儲けだとすれば、いったい毎月いくらラーメンを売ればいいかを考えてみましょう。

固定費の家賃100万円をラーメンの利益率50%で除すれは損益分岐点売上高は200万円となります。

諸経費100万円÷利益率50%＝ラーメン屋の月間損益分岐点売上高200万円

さらに月額30万円の利益を上げるためには、固定費に加算して利益率で除すれば、月260万円の売上を上げる必要があります。

（諸経費100万円＋目標利益30万円）÷利益率50%＝目標売上高260万円

①電卓1本で経営者の信頼を獲得する

この損益分岐点の公式を活用して経営者と話をするのです。電卓1本だけを使用して行います。私自身がよく新規開拓で活用したノウハウです。

実際のやり取りを紹介しましょう。

細矢「社長、お忙しい時に恐縮ですが、一点教えていただきたいのですが、御社のようなご商売ですと材料や外注費を差し引いて、どれくらいの利益を確保できるものですか?」（限界利益率の質問）

社長「せいぜい50%程度だな」

細矢「そうですか、50%ですか。かなり高い利益率ですね。ところで、社長様の事務所は結構広いですし、従業員の数も多いようですが、毎月の経費はいかほどかかっているのですか？」（月間固定費の確認）

社長「大体2000万円ぐらいかな」

細矢「そうしますと、月間固定費2000万円で利益率50%としますと、月間の収支トントン、損益分岐点は4000万円ということになりますね」（電卓を持ち出し、速やかに計算）

※固定費2000万円÷利益率50%＝損益分岐点売上高4000万円

社長「まぁ、そんなものだね」

細矢「ところで、今期はどれぐらいのご利益（「税引前での利益」もしくは「経常利益」）をご予定されているのですか？」

社長「5000万円くらいは確保したいもんだね」

細矢「ということは、月間固定費が2000万円ですから年間では2億4000万円となりますね。目標利益5000万円であれば、今期ご予算は5億8000万円となりますが、見通しはいかがですか」

※（固定費2000万円×12ヵ月＋目標利益5000万円）÷利益率50%＝目標売上高5億8000万円

【事例研究】損益分岐点を活用した話題展開方法 Q&A
「電卓 1 本で信頼を得る」

シナリオ 1

【Q】このようなご商売ですと、利益率は何%くらい確保できるのですか？

【A】せいぜい 50%程度だよ。

【Q】そうですか。社長様のところは社員さんの人数もかなり多いようですが、月間の経費（または固定費）はいかほどかかるのですか?

【A】大体 2000 万円ぐらいだよ。

【Q】ということは、御社の月間の損益分岐点は 4000 万円ぐらいですね。（電卓片手に計算）

【A】まぁ、そんなもんだな。

【Q】今期はどのくらいのご利益を経常ベース（税引前）で予定されているのですか?

【A】そうだな 5000 万円ぐらいは確保したいもんだね。

【Q】ということは、今期の売上予算は 5 億 8000 万円くらいとなりますね。見通しはいかがですか？（電卓片手に計算）

【A】厳しいよ。

【Q】私どもは金融機関ですから出来ることは限られていますが、私どものネットワーク等で、少しでもお役に立てることがございましたらご協力させていただきたいのですが、いかかでしょうか？


【営業計画】

固定費		＋	目標利益	

―――――――――――――――― ＝ **【売上予算】** （百万円）

限界利益率	

社長「5億8000万円！　そんなに必要か？」
細矢「お聞きした理論値からすると5億8000万円になりますね。もし、私どもで僅かなことでもお役に立てることがあるようでしたら是非宿題をいただきたいのですが、いかがですか？」

以上のような会話を展開します。ただ、ここで疑問を感じた人がいると思います。損益分岐点売上高を月間で、目標利益を年間で聞いていることです。これは経営者の数字認識のベクトルに合わせたのです。

一般的に経営者の経費認識は月間（月間いくらくらいの経費がかかっているか）です。利益認識は年間です。これは法人税、特に中間納税（前年度納付分の半分）の金額で利益の金額を計算している場合が多いと考えていいでしょう。

このように経費は月で、利益は年で意識しているのが経営者の多くだと考えて、この思考を利用した話法展開です。

また、新規先であればなおのこと、具体的な金額を言わない場合がほとんどですので「このようなご商売ですと、売上から材料費や外注費を差し引いて60％程度は確保できるものですか」と少し多めに想定した数字をぶつけます。これに対して「そんなに儲からないよ」との回答であれば、少し下げた数字をぶつけます。「では、50％か55％くらいですか」。お客様から「まぁ、そんなもんだな」程度の回答が得られれば問題ありません。固定費も同様です。「これだけの従業員さんがいるということは、月間少なくとも1000万円くらい経費がかかっていますか」と今度は逆に少なめに質問をします。「そんなんで済むわけがないだろう」との回答であれば、少し上げた数字をぶつけます。

そして電卓を片手に「仮に利益率が50%としまして、固定費を2000万円としますと、月間損益分岐点は4000万円になりますね（月間収支トントンは4000万円ぐらいですか）」と言います。

要は、お客の正確な数字を知る必要はあまりありません。「数字に強い」と相手に思わせることと、「企業の問題の焙り出し」が目的だからです。

また、慣れないうちはヒアリングした数字はメモをするといいでしょう。聞き直すことは逆に失礼になりますから。

また、全体会話のうち、前半である月間損益分岐点だけの会話で「現在どんなことでご苦労されていますか」「どんなことにお力を入れてらっしゃるのですか」などの話題展開で問題の焙り出しに入っても良いと思います。

経験上、月間損益分岐点を聞き出す段階で「こいつ数字に強いな」という認識を持ってもらえると思います。そして、予算売上高まで会話が進むと「こいつ詳しいな、なかなか出来るやつだな」と相当の信頼獲得ができるでしょう。

特に中小企業経営者は、「いくら売れば収支トントン」「いくらの利益を上げるにはいくら売ればいい」ということを、経験値や体で認識しています。しかし、比較的事業計画も作成していないようなことも多く、特に理論値に弱い経営者が多いのです。そこで、やって来た金融営業の人間が、先のような会話を駆使してくれれば、理論値に強い人だと、絶大なる信頼を与えるのです。中小企業では、理論値に強いような人材がなかなか存在しないのが実態で、相談できる相手もいないのです。序章で説明した企業経営者とのやりとりは、この損益分岐点スキルを活用したのです。

②既存先との会話の場合の活用方法

出来れば提出されている決算書の「粗利益率」と「販売費・一般管理費」の金額を確認してから訪問します。より正確に変動費・限界利益率を前提とするならば、「原価明細」から労務費と経費を除いた材料費・外注費を変動費として仮定の「限界利益率」を出しておきます。原価明細の労務費と経費は販売費・一般管理費に合算して固定費として考えれば、製造業などの場合、話がより実態に近いものになります。

細矢「社長、いかがですか最近原油や資材関係の値段も相当値上がりされているようですが、社長様のお仕事には影響はありますか?」

社長「大変だよ、大ありだよ」

細矢「確か社長のところは前期の粗利が33%だったようですが、これがどれくらいになりそうですか」

社長「2~3%落ちるんじゃないか」

細矢「それは大変ですね、確か社長様の会社の販管費は月間3000万円くらいでしたから、仮に粗利が30%に落ち込みますと、月間の損益分岐点・収支トントンラインが1億円となります。また、前期、経常で3000万円くらいの利益を上げていましたから、前期並みの利益を確保するには13億円の売上が必要となりますね。見通しはいかがですか?」

※月間固定費3000万円÷利益率30%=損益分岐点売上高1億円

(年間固定費3億6000万円+経常利益3000万円)×利益率30%=目標売上高13億円

社長「そうか、そこまで必要か。大変だな」

細矢「今後、どんなことにお力を入れていかれるおつもりですか。何かお役に立てることがありましたら、是非お声かけて下さいよ」

以上のような会話を展開します。多少慣れも必要ですが、勇気を持って使ってもらいたいと思います。慣れないうちは、既に取引のある親しい経営者とのやり取りで、訓練することをお勧めします。

経営者は数字に強い、理論値に強い人間を欲しがっているのです。

第　4　章

財務諸表から
ヒアリングポイントを
抽出すべし

1 信頼を得られる話題展開ノウハウ

営業担当者で、よくどんな話題にも事欠かないニュースも見ているし、雑誌も本も読んでいるし、新しい話題だろうが情報をいっぱい持っていると自信満々に言う人がいます。ところが残念ながら「ただの世間話屋」に過ぎない営業担当者が世の中非常に多いのです。「今日の新聞にすごい記事が載ってましたね」と新聞記事の話題を振ってコミュニケーションを図ろうとするのですが、記事は記事だけの話題にして、頃合いを見計かったところで「ところで社長、金融機関はどちらとお付き合いですか」とセールスに入ってくる営業担当者です。そのような対応をされた社長は「なんだ結局は売り込みか。だったら早く言え、最初から断るわ。あんたと世間話してるほど、俺は暇じゃないんだ！」と思うものです。

このような対応ではせっかくの情報や話題が、かえって邪魔をすることになります。当然信頼など得られるわけはありません。原因は、営業担当者が相手企業のことをあまりに考えていないからです。自分の商売のことばかり考えて、最初の話題が「いきなりセールスじゃまずいだろう」とコミュニケーションの目的のためだけの道具になっているのです。私はこれを「ただの提灯」と呼んでます。お客様の立場に立って物事を考えて「今どんなことで苦労しているのだろうか、どんなことに力を入れているのだろうか、どんなことを望まれているのだろうか」について話をすることが大切です。実はベテランになればなるほど、話がうまくなればなるほど気をつけなければならないことなのです。

記事を単なる記事に終わらせないで、会社の問題に転換していくのです。そして会社の問題から、我々金融機関として協力できることはないかを探っていくのです。「今朝の新聞でも話題になっていましたが、ずいぶん失業率も増えてきているんですね。ところで社長様のところでは、今期の採用計画はどんなご予定なのですか。特別な採用計画でもあれば、私どもにも親しい人材斡旋企業もありますからお声をかけてください」といったように、どんな情報でも相手の会社の問題に結び付けていくことが大事なのです。

経営者の最大の願望は「収益構造の改善と資金繰りの改善」です。つまり経営者にとっては、自身の経営に結び付く話題であれば興味関心を抱きますし、むしろ積極的に話をしてくるものです。そのためには、会社の数字に関係する話題に対応できなければなりません。どのような話題でも、ほとんどのケースは財務諸表に関係してきます。経営者とベクトルを合わせるためにも、財務３表に展開しながら経営者の話を聞き、質問をして、アドバイスをすることです。

経営者は数字に強い相手を求めています。経営者は数字に強い相手を尊敬します。経営者は数字に強い相手を信頼します。特に金融のプロと言われる人間には絶対条件なのです。

2 教えてもらう謙虚さを大切にした話題展開ノウハウ

どんな経営者でも「一国一城の主」です。決してプライドを傷つけてはいけません。特に「フレンドリー」な経営者ほど要注意です。思った以上に我々の礼儀や態度を見ています。ましてや経営に関しては経営者がプロです。どんなに財務知識や経営に関する専門知識があろうが、実践している人間には「机上の話とは違う」という想いを持っているものです。

したがって、経営者と話をする時は「教えていただく」姿勢を忘れないことです。

話をする時には「社長、私もあまり詳しくないのですが（勉強中なのですが）、1点教えていただけませんか」このフレーズを基本にすることをお勧めします。

例えば、粗利益率の改善などの話題になった時には、「私も詳しくないのですが、ある企業の社長様が〝徹底的に仕入れ先の見直しで選別していくしかない〟と仕入原価の削減を図ろうとされておられました。社長様のところではどんなことにお力をお入れですか？」といったように、収益改善に関する施策を、たとえ自分で知識として持ち合わせていても、謙虚に他の経営者に教えていただいたことであるがごとく、話を切り出して行き、徐々に自分の意見も加えていくことが、相手の経営者の立場とプライドを守ってスムーズな話題展開になるコツです。

また、具体的な改善策を持ち出すことがポイントです。「少しは勉強しているな。ちょっとは知ってるじゃないか」という印象を持ってもらうことが肝心です。

なお、具体策については、第3章の「経営者との会話に活用できる財務知識」で説明している「収益構造改善4原則」「キャッシュフロー改善4原則」を参考にしてください。掲載した具体策をできるだけ自分の言葉にするように覚えておくと会話に具体性と説得力が出てくるものです。

3 経営者の良き相談相手になるために必要な財務的センス

経営者の良き相談相手になるには、これまでも説明してきましたが経営者と数字のベクトルを合わせられることが重要です。いわゆる財務の知識と感性です。

それは、色々な話のシナリオを損益計算書・貸借対照表・キャッシュフロー計算書の３表に展開しながら「どの部分に影響して、どのようなことを社長は考え悩み苦労し、何を望んでいるのだろうか」と思考していくセンスが必要なのです。

例えば「原料が上がって大変なんだよ。今のうちにある程度前もってストックをしておかないと」といった話があった場合、原料が上がってくることにより原価高騰、利益率悪化が懸念されます。まさに損益計算書にどれくらい影響するのか考えなければいけません。材料以外の原価要素である外注費などの引下げで対応できないか、販売単価へ転嫁するにはどうすればいいかも考えているでしょう。

さらに、材料のストックを持つということは貸借対照表の棚卸資産の増加につながってきますから、増加運転資金が必要になってきます。当然、キャッシュフロー計算書の営業キャッシュフローの悪化を意味してきます。棚卸資産が増えても、支払い条件の改善でキャッシュフローへの影響を最小限に食い止めることができないか、資金調達についても検討する必要があることになってきます。

このように経営者のベクトルに合わせた思考こそが、必要な財務的要素なのです。

4 ヒアリングによる想定財務諸表作成ノウハウ

新規先では、簡単に財務諸表をもらえることはあまりないでしょう。しかしその企業がどのような企業で、取引をするに適している企業なのか、調達・運用を含めたビジネスチャンスが存在するのか、何が企業の財務的特徴なのかなどを面談による会話だけで、ある程度把握する必要があります。融資取引における初期段階の与信判断であり、同様に運用やリスクマネジメントの初期段階のニーズ抽出になります。

あまり細かいことを聞き出すことは難しいので、財務的特徴をつかむことがポイントになってきます。

①貸借対照表

●金持ち企業か、金のいる企業か（流動資産と流動負債の確認）

「このようなご商売ですと手形のお取引が多いんでしょうね。一般的には末締めの翌末3ヵ月ぐらいの手形が普通ぐらいですか」（月商のヒアリングから売掛債権の金額を推定）

（B/S 編）

流動資産

お金がいるか
＜売掛金・受取手形＞
回収条件の確認
売掛金・手形の期間（サイト）× 月商で推定
例：現金商売ですか
業種柄手形お取引が多いのですか
50%くらいは手形ですか
期間は３ヵ月程度ですか

＜商品在庫＞
平均在庫（適正在庫）を確認
例：ご商売上 １ヵ月か ２ヵ月程度の在庫を持たれていますか 月商の ２ヵ月くらいの在庫ですか

固定資産

物持ちか
＜土地・建物・生産設備＞の
有無と必要性を確認
例：随分お広いですが、○坪くらいですか
設備ニーズは
例：ご本社（工場は）いつ頃手に入れられたのですか
当時でしたら坪○万円くらいしたでしょう
含み資産は
例：全額銀行調達されたのですか
10 年くらいの償還ですか
リースは使われてますか
生産のキャパは十分なんですか
新規の設備投資のご計画は

流動負債

借入が多いか
＜買掛金・支払手形＞
支払条件の確認
回収条件と同時に確認し、月商から推定
例：仕入先の安定に何か工夫していますか

＜短期借入金・割引手形＞
運転資金の必要が確認されたら聞く
例：ご調達は割引ですか
運転資金・在庫資金はどのように

固定負債

取引銀行は
＜長期借入金・社債＞
固定資産のヒアリングと同時に確認
固定資産の取得年月と経過期間から推定

純資産

自社株の評価と事業承継
株価の話題から絡めて聴取

「ある程度在庫も持っていかなければならないと思いますが、売上の何ヵ月分ぐらい手持ちされるのですか」（棚卸資産の金額を推定）

「回収が手形であれば、当然同条件程度で手形支払いをされているんですか」（買入債務）

「運転資金は、やはり手形割引でご調達されているんですか」（手形割引・短期借入金）

以上の会話から運転資金の必要な会社かどうか、同時に調達は手形割引か借入かをヒアリングして流動資産と流動負債を想定して、運用ニーズが強いか調達ニーズが強いかを想定します。

●物持ち企業か、金借り企業か（固定資産と固定負債の確認）

「社長、この工場はいつ頃手に入れられたのですか、その当時でしたらおいくらくらいだったんですか。結構な坪数ですから相当の金額でしょうね」（有形固定資産の金額と含みを推定）

「物件の取得時は資金調達はどうされたのですか。銀行借入ですか、何年での調達ですか。ということはあと何年で完済ですか」（固定負債の有利子負債残高）

以上の会話から、どんな固定資産を持っているのか、どんな調達をしているのかで固定資産と固定負債の金額を想定します。同時に、担保余力や今後の資金調達計画などのニーズを探っていきます。

●資本金はいくらで増資は公開は（純資産の確認）

「社長様の資本金はおいくらですか。今後増資のご計画や、株式の公開等はお考えではないですか」

「社長様のようなご商売ですと、何か不測の事態に備えられるための内部留保は固定費の何ヵ月分くらいとお考えですか。法人税のことを考えると、なかなか内部留保出来ないと嘆かれる経営者様が多いものですから」（利益剰余金）

以上の会話から純資産の金額と、企業体力と今後の資本計画をどのように考えているかを探っていきます。

②損益計算書

●どれくらい儲かる商売か（売上高と売上総利益）

「社長、御社のご商売で主力の商品は何ですか。その商品は全体の売上の何割くらい占めるのですか。1個当たりの販売単価はいかほどで、月間どれくらいの販売個数ですか」（売上高）

「このようなご商売ですと、粗利は大体〇〇割くらいはとれるものでしょうね」（売上総利益率）

●赤字か黒字か（営業利益・経常利益）

「従業員の方も相当数いらっしゃいますが、月間の固定費は〇〇万円ぐらいはかかっているんでしょうね」（販売費・一般管理費）

「よく粗利から経費を引いて、売上の10％ぐらいは利益を確保したいもんだという話を聞き

（P/L 編）

売上高
売上原価
売上総利益
販売費・一般管理費
営業利益
営業外収益
営業外費用
経常利益
特別利益
特別損失
税引前当期純利益
法人税等充当金
当期純利益

＜売上高＞
・主力商品から推定する
例：主力商品、ヒット商品はA商品ですか
　　全体の50%程度ですか
　　1台の単価は結構高いんでしょうね
　　年間○台ぐらい出るんでしょうね
　　月商○ぐらいですか（少し多めの数字を言う）

＜売上総利益＞
例：業種柄粗利は35%～40%（製造業の場合）
　　くらいですか
　　20%（卸売業の場合）

＜営業利益＞
・人件費、賃貸料の話題を中心にヒアリング
例：こちらだけでも○人ぐらいいらっしゃるようですが
　　全社員さんで何人ぐらいですか
　　工場以外の人員は何人くらいですか
　　若い人が多いようですが平均年齢は何歳くらいですか
・家賃
例：このあたりの坪単価は○○万円くらいですが、御社はどうですか
　　何坪ぐらいの広さですか。家賃負担も大変でしょう

＜経常利益＞
・支払金利の話題で
例：金利負担が重いですか

Point 具体的金額で聞く。利益率で聞く
B/S、P/Lも、ただ数字を聞くのではなく変化の原因を聞く

収益対策に何ができるか
節税対策に何ができるか

ますが、社長様のところではいかがですか」（営業利益・経常利益）

損益計算書では、粗利益率をヒアリングすることがまず大事です。また、本業で黒字決算なのか赤字決算なのか、つまり、営業利益・経常利益で利益を出しているかが取引のポイントになってきます。当然本業で収益を上げられない企業であれば取引をする対象としては難しいことになります。

売上総利益率をヒアリングする時には「中小企業の財務指標」のデータを活用して、ヒアリングするのが一番簡単です。

③キャッシュフロー計算書

●営業活動キャッシュフロー

「最近はどうですか。販売条件が厳しくなっているとか、在庫を余分に抱えなければならない、などと言ったお声を聞きますが、御社では運転資金面で特別にご苦労されていることなどありますか」（営業活動キャッシュフローの改善悪化の確認）

●投資活動キャッシュフロー

「今季既に設備投資はされておるのですか。今後のご予定はいかがですか」「先日もある企業さんでは〝業績が全然良くないのに、設備投資せざるを得ないものがあるんだよ〟と嘆いておられましたが、御社でも定期的に設備更新なんかもあるんでしょうね。毎年どれくらいの金額

になるんですか」（投資の有無の確認）

●財務活動キャッシュフロー

「今季の資金調達は運転資金が中心ですか、設備資金が中心ですか。今後の調達のご計画はいかがですか」（資金調達の有無）

「最近は銀行の融資姿勢も厳しいし、借りるよりも返済に追われる方が多いよと、資金繰りにご苦労されていた企業さんもありますが、御社ではいかがですか。調達の方が多いですか」（総借入額の増減と取引銀行の姿勢確認）

以上、キャッシュフロー計算書の場合は、貸借対照表のヒアリングに合わせて想定できるのが特徴です。「営業活動キャッシュフローで、運転資金が増えているか」「投資活動キャッシュフローで、投資実績と新たな投資計画の有無」「財務活動キャッシュフローで、資金調達実績と新たな調達計画の有無」などを確認して、「キャッシュフローの特徴として、お金が生み出されているのか、それともお金を必要としているのか」など、ある程度の概算で特徴を捉えていくことがポイントです。したがって、貸借対照表のヒアリングをすれば同時にキャッシュフロー計算書も確認できると言えます。

（C/F 編）

1. 営業活動キャッシュフロー

・P/L のヒアリングから収益の確認
・B/S のヒアリングから運転資金の増加額

2. 投資活動キャッシュフロー

・B/L のヒアリングから今期の投資状況
・資産の有効活用の話から売却状況
・経常投資の必要性の話から設備投資状況

3. 財務活動キャッシュフロー

・資金調達の状況を借入と増資でヒアリングする。
・年間返済・償還負担の話からヒアリングする。

5 財務知識でどこまで何が喋れるか

財務知識を活用して、様々な角度から会話を進めていけば、現状の経営の実態分析について相当部分見えてくるものです。経営の分析だけではなく、今後の経営の推移が想定できたり、経営方針や経営計画に関することまで明らかに出来るものです。

財務知識を活用すれば数字を前提とした具体的な話の内容になってきますし、何よりも経営者としては話が出来る、相談が出来る相手として認識をしますから、日頃思っていることや悩んでいることまでも話に出してくることがあります。

例えば損益計算書です。

売上や売上総利益率（粗利益率）の会話から、現状の商品構成やマーケット状況、営業戦略や販売戦術の会話ができます。

営業利益と経常利益であれば、現状の人員構成や給与体系・退職金制度、採用計画やリストラ、広告宣伝活動からの営業戦略や商品開発計画などが会話できます。また、金利負担などから資金調達計画や資本政策の予定、関連会社の存在や投資状況などの会話ができます。

次に貸借対照表・キャッシュフロー計算書です。

預金の残高から今後の有利子負債の調達か資本調達かなどの資金調達計画、回収条件や在庫計画から増加運転資金の必要性や調達手段の計画、設備の金額と減価償却累計額の金額の推移から今後の設備投資計画や資金調達の予定などが会話できるのです。

以上のように財務諸表を頭に描いていきながら考えていけば、色々な会話に展開できることが分ると思います。常に数字を落とし込みながら、教えていただく姿勢で会話を展開してみてください。

6 決定的な第一印象を獲得するためのノウハウ

金融の営業は「入口」が勝負です。「決定的な第一印象で勝ちを得る」ことが重要です。経営者と面談する時に心得ておかなければならないことは既に説明したように「世間話をしているほど暇じゃない」ということです。自分自身の会社の経営のことに有益でなければ時間の無駄に感じてしまうものです。だからこそ、色々な場面で経営者は「値踏み」をしているものです。

したがって、初めての面談時の自己紹介にしても「ただの自己紹介なんか必要ない、何が期待できるのかを知りたがっている」と考えるべきです。単なる名前と素性を明らかにするだけの自己紹介などではなく、「自分もしくは自分の金融機関と、もし付き合ってくれれば、こんなメリットがあります」というものをメッセージとして伝える工夫と努力が必要です。たとえ門前払いのような応対でも経営者は値踏みをしていると心して、門前払いされながらも、ただの門前払いと受けとめず、最高の接客をすることです。

そして、決定的な第一印象とは「ちょっと違うな」「おっ、面白いやつだな」「話せそうだな」と思わせることです。

そのためには、金融のプロらしい話を展開できる、つまり経営者が最も関心を抱いている

できるヤツだな！
財務
経営
情報
ニーズ対応

「経営」に関係する話を、持ち出していくことです。そして全ての情報を金融のプロらしく数字に落とし込んだ会話へ展開することです。

例えば「社長、最近の原材料の値動きではどのような影響が出ているのですか。やはり原価率で2〜3％ぐらいは上がってしまうと考えられるものですかね」「もし利益率が3％悪化したら、仮に1000万円の売上で、粗利が30万円悪化するわけですから、従業員一人の1ヵ月の給料くらいの影響がありますね」

このように、具体的に数字に展開しながら話を進めていければ「数字に強い！　さすが金融のプロだな」と認めさせることが出来るでしょう。

また、事前準備は出来る限りのことをしましょう。営業の失敗で一番多いのは「準備不足」です。帝国データやホームページ・その他関係資料、あるいは訪問時の現場で拾える会社の情報収集の徹底など、やるべきことを手を抜かずやることです。

そして、あらゆる情報を会社の課題やニーズへ展開する会話ができれば、「決定的な第一印象」の獲得は出来るでしょう。

第　5　章

財務諸表で
良い会社・悪い会社を
見分けるべし

1 業態悪化と粉飾決算企業の特徴とは

①企業業態悪化の前兆

定量的現象としては、売上高が減少してきます。同時に売掛金や受取手形の売掛債権や在庫の棚卸資産、買掛金や支払手形の買入債務も減少してきます。

手元キャッシュである「現金・預金」も減少してきます。赤字になってくると、ある程度までは借入の金額が増えてくるものです。運転資金と称した「赤字資金」の調達です。

倉庫の現物の在庫が減ってくるか（売上減少による手持ち在庫の減少）、増えているとしても陳腐化した在庫が増えてきます（不良在庫・デッドストックの発生）。

荷物の動きが減ってきますから、トラックの出入りの数が減ってきます。

定性的現象としては、社長に余裕がなくなり、販売先への交渉や資金調達で不在が多くなります。主要な役員や経理部長・経理課長などの会社の数字を把握している人間が複数の退職を始めます（潰れる前に逃げる）。従業員にも離職者が多々出てきて、社長同様元気もなく暗い感じになっています。

また、普段付き合いのない金融関係の人間などが出入りし始めます。

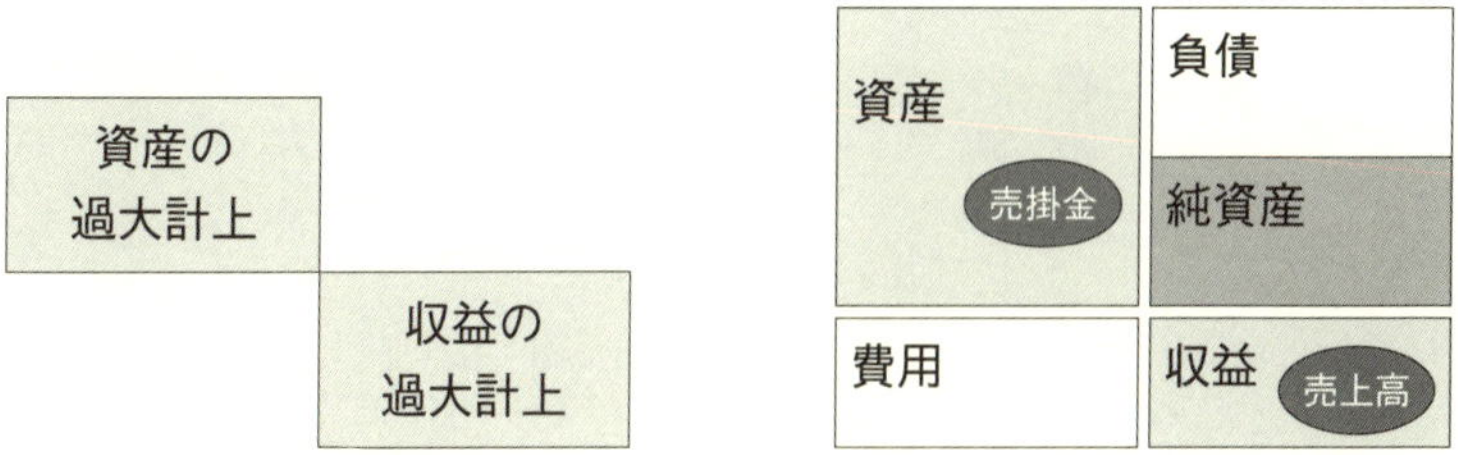
資産の
過大計上
収益の
過大計上
資産
売掛金
負債
純資産
費用
収益
売上高

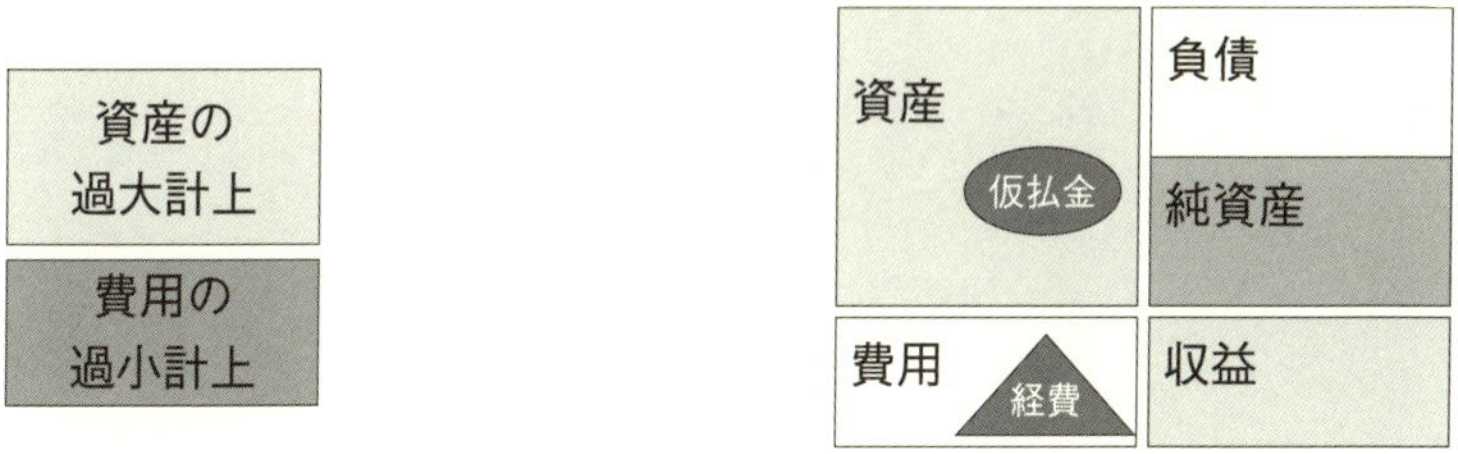
資産の
過大計上
費用の
過小計上
資産
仮払金
負債
純資産
費用
経費
収益

②粉飾決算企業の特徴

財務的視点で粉飾決算のことについて説明をしていきたいと思います。

粉飾決算は「収益の過大計上」か「費用の過小計上」が基本です。いずれの場合でも「資産の過大計上」につながってきます。

粉飾決算で使用される勘定科目はある程度絞られます。「現金」「売掛金」「受取手形」「商品・製品・原材料・仕掛品」「仮払金」「貸付金」「売上高」「売上原価」「給料」などの勘定科目が目の付け所です。

●在庫の水増しによる粉飾決算

期末棚卸資産を実数よりも「水増しして」売上原価を減少させることにより、「売上総利益」が増えることを狙ったものです。反対に在庫の過小評価や在庫隠しは売上原価引上げによる利益隠しで脱税に利用されるものです。在庫調整による利益操作は比較的多いやり方です。在庫の評価方法を変更することなどもあります（先入れ先出し法から後入れ先出し法など）。

●架空売上の計上による粉飾決算

実際には取引のない売上と、同時に「売掛金」を計上して利益を出す方法です。この場合、売掛金だけがどんどん増えていきますので、異常な売掛金の残高になります。架空在庫の場合もそうですが、営業活動キャッシュフローに異常値が出てきます。利益は上がっても営業活動キャッシュフローが悪い状態です。また、売掛債権・棚卸資産・買入債務の各残高を月商で除した回転期間に異常値が出てきます。収支ズレが異常に拡大してくるものです。

●損失・費用隠しによる粉飾決算

本来は回収不能で「貸倒損失」に計上するべき債権を「売掛金・受取手形」「貸付金」、費用計上するべきものを「仮払金」「前払費用」などの資産に計上しておく手口です。

●架空経費や架空仕入れによる利益隠し・脱税の粉飾決算

よく所得隠しニュースでも紹介される手口で、売上原価の水増しや経費の水増しによって利益を減らしながら税金を脱税する手口です。この場合でも時系列に利益率や経費の各項目の金額の推移を見れば異常値になっているはずです。

●現金勘定を利用した経費隠しによる粉飾決算

小さな企業で多々あるのですが、預金の場合は預金通帳や残高証明などの添付がありますから操作しにくいため、現金勘定を利用して、実際には支払った役員報酬や給料などの経費を赤字決算を隠すために、払っていないで現金として残っているように計上する手口です。現金残高が異常に多くなっています。

2 実践・企業分析の事例

①財務体質の良い会社と悪い会社の違い

「財務体質の良い悪い」を判断する時には、貸借対照表を中心とした「ストック分析」と、損益計算書やキャッシュフロー計算書を中心とした「フロー分析」が基本になります。

ただし、3表全てにおいて最新値での財務体質の評価と、前年・前々年等の時系列による財務体質の評価も併せて検討する必要があります。

ストック分析

ストック分析とは、資産の調達状況の評価のことを言います。資産の形成要因として何が良いかを確認することです。

●調達比率はどうか

総資産は、負債である「他人資本」と純資産である「自己資本」の総資本で調達されています。総資産に占める自己資本の割合が「自己資本比率」です。企業の安全性を確認する時に点検する指標ですが、財務体質を語る場合、真っ先に基準の数字として確認するものです。当然、自己資本比率が高い企業が良い企業で低い企業が悪い企業と言えます。ただし、業種によって平均的な比率が違ってきますから、同業種間の比較か業界平均との比較が条件となります。

●利益の積上げはどうか

自己資本比率に直接関係してきますが、自己資本の「利益剰余金」どちらが多いかです。利益剰余金は、業績によって積み上げられた「利益」の貯金です。企業の歴史でありリスク対応力も表します。企業の利益体質を物語る利益剰余金がいくらくらいになっているか、当然多額の利益剰余金がある企業が良い会社であり、利益剰余金が少ない、もしくはマイナスになっているような企業であれば悪い会社と言えます。

ただし、企業規模によって調整して見る必要もあります。何か損失が発生した場合、規模に準じるケースが多いですから、規模が大きいなら大きいなりに利益剰余金の積上げが必要と言えます。また、資産の中身にどの程度のリスクと含みがあるかによっても利益剰余金の金額だけでは測れない部分があると考えなければなりません。自己資本比率の同様です。

●設備投資・投資の調達はどうか

設備投資や投資は、なるべく自分のお金である「自己資本」による調達にすることが財務体質を安定させることにつながります。固定資産を純資産で除した「固定比率」を比較します。100％以下が理想であり、低ければ低いほど安定していると言えます。100％を超えている場合は、純資産に固定負債を足したもので固定資産を除した「固定長期適合率」の比較をします。これが100％を超えているようであれば、比較の問題ではなく絶対値として不安定で問題ありとなります。

●短期の支払い能力はどうか

「流動資産」を「流動負債」で除して算出する「流動比率」の比較です。財務体質のお金の支払い能力が安定しているかを確認し比較します。1年以内に支払うべき流動負債に対して1年以内にキャッシュになる流動資産が足りているかの比較です。当然100％以上で、多い方が財務体質では良い企業と言えます。比較以前として100％以上なければ財務体質が安定していないと言えます。ただし、特に上場企業の場合は、流動比率が高くても、資産の有効活用という視点での評価も気にしなければなりませんから、高ければ良いでは通用しない場合があります。

●有利子負債の残高はどうか

負債の調達でも有利子負債によるものは財務体質を考えた場合、「身軽な企業・身重な企業」という評価で安定性ということに影響してきます。総資産の調達で有利子負債による調達がいくらかを表す「有利子負債依存度」の比較もするべきです。当然、有利子負債依存度が低い企業の方が安定していると言えるでしょう。さらに、有利子負債と利益剰余金を比較して利益剰余金の範囲の有利子負債に収まっているかなども比較の対象としては有効です。当然、範囲内であれば、利益の蓄積で償還できる能力があると考えます。

フロー分析

フロー分析は、利益が上がっているか、資金繰りが順調かを点検します。結果としてストックにも直接関係してきます。フローが良くならないとストックも改善しません。ポイントは「利益分析」「キャッシュフロー分析」です。

●利益分析：儲けで財務強化に貢献しているか

資産の基本的源泉である利益が上がっているかどうかを見るため、特に「売上総利益」「営業利益」「経常利益」の利益3段階で比較をします。当然、絶対値の大きさも大事ですが、売上高利益率の比較こそ大事です。

財務体質の強化を利益の積上げで行うことが理想的な姿であると考えるべきです。資産の活用も含めた検討である「総資本利益率（ROA）」特に財務活用効率と利益率の両面を検討する上でも、財務体質強化に寄与しているかを確認するのには有効です。

●キャッシュフロー分析：資金繰りが安定しているか

財務体質の中でも最も倒産の予兆などに繋がるバロメータである「営業活動キャッシュフロー」の検討が重要です。どんなに利益が上がっていてもキャッシュフローに寄与していなければ企業の資金繰りは悪化してきます。営業活動キャッシュフローを売上高で除した「キャッシュフローマージン」が高ければ高いほど、収益とキャッシュフローが財務体質の資金の安定に貢献している良い会社と言えます。

同時に営業活動キャッシュフローと「投資活動キャッシュフロー」「財務活動キャッシュフロー」とのバランスで、安定したキャッシュの流れになっているかの検討が必要です。営業活動キャッシュフローでいくら稼いでも、無理な投資にキャッシュを向けなければならなかったり、多額の有利子負債の償還にキャッシュを回さなければならなかったりすれば、財務体質強化につなげられない場合があります。

さらに、以上のことを単年度だけで比較するのではなく、数年の時系列でも比較していくことが大事です。例えば最新年度の自己資本比率がA社50％とB社40％であったとします。ところが前年A社55％B社45％であったとすれば、確かに現状の時点ではまだA社が財務体質が良いと言えます。しかし実は「時系列的にはA社は財務体質が悪化していて、B社は良化してきている」と言えるのです。

ストック分析とフロー分析の事例

では、事例で考えてみましょう。

A社とB社の財務3表を見てみましょう

まず「ストック分析」で比較してみましょう。

総資産はA社４０００、B社５０００と資産規模はB社の方が大きいです。純資産も確認す

A社　（百万円）

B/S

資産	負債・純資産
流動資産 2,000	流動負債 1,000
	固定負債 1,000（有利子負債 700）
固定資産 2,000	2,000
	純資産 2,000（利益剰余金 1,000）

P/L

売上高	10,000
売上総利益	5,000
営業利益	300
経常利益	350

C/F

営業活動 CF	500
投資活動 CF	▲300
財務活動 CF	100

B社　（百万円）

B/S

資産	負債・純資産
流動資産 2,000	流動負債 2,000
	固定負債 1,000（有利子負債 1,000）
固定資産 3,000	2,000
	純資産 2,000（利益剰余金 1,000）

P/L

売上高	13,000
売上総利益	6,000
営業利益	300
経常利益	250

C/F

営業活動 CF	500
投資活動 CF	200
財務活動 CF	▲300

るとA社・B社いずれも２０００と同額ですから、自己資本比率はA社50％に対してB社40％です。資産の調達はA社の方が安定しており、利益剰余金もA社の方が多いですし、全体資産との比較から比べてもA社の積上げが効率的と言えるでしょう。

負債の有利子負債による調達も、有利子負債依存度がA社17・５％、B社20％とB社の借入依存が高く、A社の方が安定していると言えます。同時にA社は利益剰余金の半分程度の有利子負債ですから、利益の積上げ範囲の余裕で償還できる力があると言えます。

また、短期的支払い能力を検討しても流動比率A社２００％B社１００％とA社の支払い能力は高いと言えます。

さらに固定資産の調達も、A社は純資産の範囲で調達していますが、B社の場合は固定負債も含めた調達になっています。固定比率A社１００％B社１５０％固定長期適合率A社66・７％B社１００％とA社の調達が安定していると言えます。

以上の諸点を検討すると、ストック分析からはA社の財務体質の方が「安全性」という点を中心に断然良いと言えます。

次にフロー分析をしてみます。

損益計算書から見てみましょう。売上高・売上総利益・営業利益の絶対値の金額はB社の方が多くなっています。ところが、売上高に対する利益率を見てみると、売上高総利益率A社50

（5000÷10000）%B社46・2（6000÷13000）%、売上高営業利益率A社3（300÷10000）%B社2・3（300÷13000）%と「収益性」ということを考えればA社の方が良いと言えます。

さらに、経常利益になるとA社は増益、B社は減益になっています。これは、A社は資金の運用収益や子会社あるいは投資有価証券の配当収入もしくは本業以外の家賃収入などが入っていると考えられます。それに対して、B社は有利子負債の利息支払いがせっかく稼いだ利益を吐き出しています。したがって、ストックとしての資産の「有効性」や、有利子負債依存度からくる「安全性」についても読み取れることが分かります。

またキャッシュフロー計算書から読み取れることは、営業キャッシュフローは同額ですが売上高に対する比較であるキャッシュフローマージンはA社5（500÷10000）%、B社3・8（500÷13000）%と、A社の方が運転資金の資金繰り面でも安定しています。さらにA社は営業活動キャッシュフローの範囲で投資をしていますから手元キャッシュも増加しています。

B社も営業活動キャッシュフローに加え、投資活動キャッシュフローの資産の売却でキャッシュを生み出して手元キャッシュを増加させています。そのキャッシュの相当部分を有利子負債の削減である財務活動キャッシュフローに向けています。有利子負債の残高も多く、償還負担が大きいとも言えます。

キャッシュの動きから見てもA社が安定していると言えます。

以上、ストック分析・フロー分析を合わせて考えてもA社がB社に比べて財務体質は優れていると言えます。


次に前年との動きからの「時系列比較」で再度検討しましょう。

先ほどのA社・B社の前年比較を見てみてください。

ストック分析では、自己資本比率はA社前期51・４％→今期50％、B社前期35・３％→今期40％。流動比率はA社前期２１１・８％→今期２００％、B社前期95％→今期１００％。有利子負債依存度はA社前期16・７％→今期17・５％、B社前期23・５％→今期18％。利益剰余金の積上げ額もA社前期比１５０増、B社前期比２００増となっています。

以上を見ると絶対値ではA社が良いと言えますが、時系列的にはB社の方が改善していて、むしろA社は悪化していると言えます。A社にとって一時的な問題であればいいのですが、下降傾向が続くとすれば重要な課題となって、B社以上に深刻であるとも言えます。

同様にフロー分析でも、売上高総利益A社前期55・６％→今期50％、B社前期44％→今期46・２％。売上高営業利益率A社前期４・４％→今期３％、B社前期１・６％→今期２・３％となっており、やはりA社よりもB社の方が収益性も時系列的に良化傾向です。特にA社の売上高総利益率の悪化は深刻な問題として考える必要があると言えます。

A社

B/S (百万円)

	前期	当期		前期	当期
流動資産	1,800	2,000	流動負債	850	1,000
			固定負債	900	1,000
固定資産	1,800	2,000	(有利子負債	600	700)
			純資産	1,850	2,000
			(利益剰余金	850	1,000)
	3,600	4,000		3,600	4,000

P/L

売上高	9,000	10,000
売上総利益	5,000	5,000
営業利益	400	300
経常利益	450	350

B社

B/S

	前期	当期		前期	当期
流動資産	1,900	2,000	流動負債	2,000	2,000
			固定負債	1,300	1,000
	3,200	3,000	(有利子負債	1,200	1,000)
固定資産			純資産	1,800	2,000
			(利益剰余金	600	1,000)
	5,100	5,000		5,100	5,000

P/L

売上高	12,500	13,000
売上総利益	5,500	6,000
営業利益	200	300
経常利益	100	250

以上のように、絶対値の数字だけではなく、時系列的な傾向値を確認することが重要であることをご確認ください。

②財務諸表で行うコンサルティングの実践

財務諸表からコンサルティングを行う場合は、必ず数期の時系列の比較を前提として行ってください。

では、先ほどのA社・B社のケースで、どのようなコンサルティングを考えるべきか、財務諸表のどこに目を付けるべきかを考えてみましょう。

特に、様々な問題に優先順位を付けながら検討していくことが必要です。

ストック分析・フロー分析で考えた場合、どこに問題があり、どの問題が深刻かを考えます。ストックを形成する源泉はフローである商売で積み上げている部分と、借入や増資などの他人資本と自己資本からの調達の部分でありますから、それぞれの見直しをするのですが、まず、フロー部分が最大の狙い目です。すべての資産の源泉は利益であればベストです。

まずA社の場合ですが「今までは良かったが、時系列的に悪化している」です。まず、商売の収益構造に問題があります。特に売上総利益いわゆる粗利が悪化していることは、深刻な問題としてとらえるべきです。材料・外注費などの値上がりによる原価高騰が原因なのか、商品の付加価値として競争力を失っているのかなどの検討が早急に必要と言えます。「収益構造改善4原則」の「単価を上げる・原価を下げる」切り口からの徹底したコンサルティングがポイントになってきます。

同時に、売上高総利益率の改善が厳しい場合は「販売費・一般管理費」の見直しをして、収益構造に合った経営体制に変更していく必要もあります。リストラや事務所・工場の規模の見直し、資産の生産性評価によるスリム化なども考える必要があるかもしれません。

有利子負債の増加についても気になります。売上増加による増加運転資金の借入である可能性がありますが、財務体質的な問題としても内容の精査が必要とも言えるでしょう。

特に内部留保が潤沢な早いうちに、有効な投資を含めた資産の投資戦略を設計して、具体的施策へ展開していくことです。

次にB社についてですが、収益構造としては、利益率が向上していますから評価出来ると思います。ただしA社と同業であれば、利益水準が問題ないとは言い切れず、改善途上であると認識するべきです。さらなる改善に対するコンサルティングが必要でしょう。

総資産の動きで固定資産の減少は、所有資産の見直しがされて有利子負債の削減を行い財務体質改善も考えられているようですから、それに伴った今後のさらなる資産の有効活用面でのコンサルティングがポイントになってきます。

同時に業容は拡大に入っていますから、今後の投資戦略をどうするのか、同時に資金調達面ではどのような必要性が出てくるのか検討するべきでしょう。

③財務諸表で行うニーズ掌握の実践

企業ニーズの抽出について考えてみましょう。

先ほどのコンサルティングの視点がそのままヒントになってきます。

A社の場合、収益構造低下に歯止めをかけることが最大のニーズです。売上総利益の改善の視点では「新商品開発」「新市場の開拓」「新販売チャネルの開拓」「製造方法の見直し」「仕入れ先・仕入方法の見直し」などが考えられます。営業利益の改善では「経費全般の見直し」「人事評価制度の見直し」「契約社員・パートの活用」など、経常利益の改善では、「所有資産の有効活用」「資金調達方法の見直し」などのニーズが考えられます。

B社の場合は、現状の収益構造改善策を加速させるために、A社と同様の施策の検討が必要です。

さらに今後業容の拡大に伴う、設備投資や資金調達ニーズが考えられます。企業ニーズを考える場合、時系列的なお金の動きからシナリオを考えていくことがポイントです。特に目にする財務諸表は過去の結果ですから、過去の動きから次の動きや戦略をどう読んでいくかが最も重要です。そして、それこそが財務分析の狙いだと考えます。

④金融営業展開の戦略と戦術の実践

A社・B社に対する営業戦略をどう考えるかです。

基本戦略として、成長性と言った点ではＢ社に対する攻勢を強めるべきでしょう。ただし、Ｂ社の場合は成長性の魅力に対して保全という視点も忘れてはいけません。次に、現状の財務体質自体はＡ社が優れていますから、取引メリットや安全性という視点を考えてもＢ社同様に重点的に営業をかけることになります。

具体的戦術としては、Ａ社に対しては「業務提携先や販売先の紹介」「仕入先・外注先の紹介」「人事評価制度・給与体系の見直し支援」「金利負担軽減の調達方法改善支援」「保険の見直しや事務所費用削減の提案」などの動きが営業の切り口として有効でしょう。

Ｂ社に対しても、同様の切り口が中心になります。特に業容拡大に向けた「販売先の紹介」などが有効となります。中期的には資金調達ニーズが想定されますので、こまめな接点の中で計画のヒアリングが必要と言えるでしょう。

⑤粉飾決算と業態悪化の兆候把握の実践

Ｄ事務機器株式会社の決算書を例に具体的な財務諸表を見ていきましょう。

最初に貸借対照表を見てみましょう。お金の流れを確認すると、総資産が１０７増加しています。資産の増加は流動資産の増加（１０９）です。売掛債権（31）、棚卸資産（57）と運転資金関係の増加が目立ちます。他で気になるのは未収金（６）、前払費用（２）、貸付金（12）、仮払金（４）と内容の確認が必要な科目が増えています。

【事例研究】D 事務機器株式会社の決算書

設　立：　昭和 56 年 1 月　資本金：　2,000 万円
業　種：　事務用家具、事務用品の製造販売
従業員：　28 名　今期末　20 名
仕入先：　S 工業、T 商事、N 金属
販売先：　M 商事、H 百貨店、一般企業

比較貸借対照表

平成 X 年 4 月 1 日～平成△年 3 月 31 日　　(百万円)

	前事業年度	当事業年度
資産の部		
Ⅰ. 流動資産		
現金・預金	71	69
受取手形・売掛金	124	155
未収入金	2	8
商品(製品)	80	118
原材料・貯蔵品	37	51
仕掛金	10	15
前払費用	3	5
貸付金	7	19
仮払金	2	6
貸倒引当金	▲2	▲3
流動資産合計	334	443
Ⅱ. 固定資産		
1　有形固定資産		
建物・建築物	32	32
機械・器具	8	4
土地	25	25
2　無形固定資産	1	1
3　投資等	15	17
固定資産合計	81	79
資産合計	415	522

	前事業年度	当事業年度
負債の部		
Ⅰ. 流動負債		
支払手形・買掛金	131	142
(割引手形)	(73)	(86)
短期借入金	131	183
未払金	10	25
前受金	10	20
未払法人税	5	0
賞与引当金	7	4
流動負債合計	294	374
Ⅱ. 固定負債		
長期借入金	68	94
退職給付引当金	7	7
固定負債合計	75	101
負債合計	369	475
純資産の部		
Ⅰ. 資本金	20	20
Ⅱ. 資本剰余金	12	12
Ⅲ. 利益剰余金	14	15
(繰越利益剰余金)	(12)	(13)
純資産合計	46	47
負債純資産合計	415	522

比較損益計算書　（百万円）

	前事業年度	当事業年度
Ⅰ．売上高	603	586
Ⅱ．売上原価	335	291
売上総利益	268	295
Ⅲ．販売費・一般管理費	242	265
営業利益	26	30
Ⅳ．営業外収益	8	5
Ⅴ．営業外費用	20	34
経常利益	14	1
Ⅵ．特別利益	10	0
Ⅶ．特別損失	15	0
税引前当期純利益	9	1
法人税充当額	4	0
当期純利益	5	1

損益計算書内訳項目	前事業年度	当事業年度
人件費	107	110
減価償却費	8	4

資産に対する調達ですが、純資産の増加は微増（1）で負債の増加（１０６）がほとんどですから、他人資本に依存した調達になっています。特に有利子負債の増加（85）に頼っていることが分かります。手形の割引による資金調達も増加（13）しています。調達のバランスとしても個別の内容としてもあまり評価できないと言えます。

運転資金が必要で借入を中心に資金調達をしていると言えます。同時にあまり収益を上げることはできていないことも分かります。

次に損益計算書ですが、売上が減少しています。先ほどの貸借対照表から考えると売掛債権と棚卸資産・買入債務も増加しているわけですから売上が増加しているべきですが、逆の現象が起きています。取引条件の大幅な悪化か、業態に変化が生じているかです。さらに売上総利益が売上が減っているのに増えています。特に利益率を見てみると前事業年度44・４％当事業年度50・３％と大幅な増加をしています。このようなケースの場合は明らかに業態が変化して粗利の違う商売に転換していると考えられます。

また、従業員数が減っているのに「販売費・一般管理費」の金額が増えています。特に人件費が増加（３）しているのが気になります。退職金でも支払ったのかと思われますが、貸借対照表の固定負債「退職給付引当金」に変化がありませんから疑問が残ります。

以上、色々な点を考えて、この決算は粉飾決算を疑わざるを得ません。

・減収なのに、運転資金が増加している。

・売上総利益が異常に高くなっている。
・人員削減をしているのに人件費を中心とした販売費・一般管理費が増加している。
・内容不明の資産勘定が増加している。
・売掛債権回転期間（３・92回→４・94回）、棚卸資産回転期間（２・53回→３・77回）が異常に長期化している。買入債務回転期間（２・61回→２・91回）に比べても異常値になっている。結果として収支ズレ３・84回が５・８回と異常に拡大している。

おそらく、Ｄ社は売上の減少が続いて経営的に危機を迎えているが、事業継続のために何としても銀行から資金調達する必要性があった。銀行との取引関係上赤字を計上するわけにいかず「原価操作による益出し」をして黒字化している。同時に借入増加に伴い、売掛債権・買入債務と未収金・貸付金などの資産が増加しているが、本来損失にするべきものが資産勘定にされている可能性が高い。

明らかに業績不振による粉飾決算を行っているケースです。

このように、時系列で見ていくと必ず異常値が発生します。また、前にも説明したように粉飾の場合、特定の勘定科目が異常値を示してくるものです。さらに商売の粗利益率や売掛金などの取引条件や在庫水準が大きく変化することはあまりないと言えます。

目の付けどころをしっかりと身につけておきましょう。

あとがき

経営者が金融機関の人間に期待しているレベルは非常に高いと考えるべきです。

財務諸表について色々説明してきましたが、ぜひ忘れないでいただきたいことは「数字の動きには背景がある」と同時に、「現場で活用できない知識など意味がない」ということです。

法人営業で最も大事なこと、それは経営者とベクトルを合わせることです。経営者は体に財務諸表が組み込まれています。すべての経営の話は財務三表に直結しますから、日頃から経営者と「経営のこと、数字のこと」に関心を持って、数多く質問をすることです。ただし決して「知ったかぶり」をすることなく、謙虚に「教えていただく」姿勢を忘れないで積極的に聴いていきましょう。そのような姿勢を続けていれば、経営者は必ず「なかなか熱心だな、勉強しているな、うちの会社に本当に興味を持っているな」と認識してくれるでしょう。

真剣に向き合えば、経営者も真剣に向いてくれるものです。特に創業経営者などは「本気で我が社のことを思って営業に来ているか、ただの物売りか」は簡単に見極める眼力を持っているものだと考えるべきです。

法人との関係作りは「ギブ＆テイク」が原則です。経営者にとってどんな期待ができるのか、常に値踏みをされているということを忘れないようにしてください。

私自身が起業して経営者になり、改めて色々なことに気付かされました。特に「銀行時代、なんと身勝手な営業をしていたことか…」と痛感しました。そして金融機関の人材やネットワークを考えると、「なんと羨ましい会社か」ということも考えさせられました。それだけ経営者にとって、役に立てることがいっぱいあるのだということです。

良き相談相手となれるよう日々努め、「あなたに会えて本当によかったよ」と言ってもらえる取引先を一つでも二つでも増やしていただければ筆者にとっても望外の喜びであります。

筆者

【著者プロフィール】

細矢　進（ほそや　すすむ）

昭和31年生まれ。株式会社富士銀行（現みずほホールディングス）に20年間勤務し、首都圏主要店舗にて取引先の融資案件取り上げ、審査業務、新規取引開拓業務等を歴任。同行退職後、株式会社リフレを設立し、代表取締役に就任。中堅・中小企業の財務・経営コンサルティングを行うとともに、国内大手・グローバル企業を対象とした財務・市場開拓・人材育成セミナー、および経営者向け経営セミナー等の研修を手掛ける。
著書に「法人営業のバイブル」（近代セールス社刊）がある。

株式会社リフレ
〒110-0016　東京都台東区台東1-9-2　KTビル3F
Tel 03-5817-7247　Fax 03-5817-7248
http://www.refre.com

財務で切り込む法人営業
～経営者に一目置かれるアプローチの鉄則～

平成21年6月26日　初版発行
平成28年10月12日　第6刷発行

著　者──細矢　進
発行者──福地　健
発　行──株式会社近代セールス社
〒164-8640　東京都中野区中央1-13-9
電話(03)3366-5701
FAX(03)3366-2706
印刷・製本─広研印刷株式会社

ISBN 978-4-7650-1036-8